상위 5% 총서

상위 5%로 가는 생물교실 1

기초
생물
상

상위 5% 과학총서 편찬 및 집필위원
대표집필_백승용(서울과학고 생물과)
신학수(서울과학고 물리과), 이복영(서울과학고 화학과), 구자옥(서울과학고 지구과학과),
김창호(서남대), 김용완(인제대), 김승국(서남대)

집필을 도와주신 분
강찬중(동덕여고), 이진주(언주중), 전영희(서울과학고), 옥준석(서울과학고), 홍기택(서울과학고),
정현빈(인헌중), 강진철(성심여고)

기획 (주)불지사 기획실
　　　책임 기획_이향숙
　　　진행_김영순, 정윤경, 김소영, 임상락, 유병수

논술
대표집필_신현숙(한국언어사고개발원 부원장)
최윤지(한국언어사고개발원 연구원), 신운선(한우리독서문화운동본부 강사),
김은영(독서교육기관 강사), 김주희(평생교육원 독서논술 강사),
신혜금(평생교육원 논술, 독서치료 과정 강사), 인선주(한우리독서지도사, 한국독서지도연구회 연구원)

교정·교열
이경윤, 장경원, 이승희, 박영숙, 길문숙

그림 정민아
사진 시몽
디자인 씨오디(Color of dream)

상위 5% 총서

상위 5%로 가는
생물교실 1

신학수(서울과학고) 이복영(서울과학고) 백승용(서울과학고)
구자옥(서울과학고) 김창호(서남대) 김용완(인제대) 김승국(서남대)

기초
생물
상

스콜라

간행사

과학의 기초, 원리, 개념부터
통합 과학 논술까지 책임진다

'상위 5% 총서'는 자라나는 청소년들이 '대한민국 상위 5%'가 되기 위해 반드시 알아야 할 학습 내용과 지식을 담은 시리즈입니다. 국내 최초의 학습총서인 이 시리즈를 위해 지난 3년간 각 분야의 전문가 선생님들이 모여 50권의 방대한 분량을 기획하고 집필하여 왔습니다.

이 중 20권을 차지하는 본 과학 시리즈는 특목고, 자립형 사립고 등 상위권 고등학교 진학을 목표로 공부하는 초등학생들과 중학생들을 대상으로 기획, 편찬되었습니다. 이 과학 시리즈의 특징은 학생들이 '스스로 탐구하고 생각할 수 있도록 이끌어주는 지팡이의 역할'을 한다는 데 있습니다.

우리는 우선, 학생들이 어떻게 해야 과학 공부가 즐거워지고, 장차 훌륭한 과학도가 되게끔 인도할 수 있을까를 고민하였습니다. 우리가 가장 중요하게 생각한 것은 이 책을 읽는 미래의 주인공들에게 '과학은 참으로 재미있다', '과학 공부는 해 볼 만하다'라는 흥미를 심어 주는 것이었습니다.

그래서 오랫동안 교단에서 학생들을 가르쳐 오신 과학 선생님들이 한 자리에 모여 여러 차례 토론과 학습을 거친 끝에, 다양한 경험과 지식, 교육적 노하우를 담아 과학 학습을 총 마스터 할 수 있는 20권의 과학총서를 만들게 되었습니다.

본 과학 시리즈는 모든 학습의 기본인 교과서의 주요 체계를 따라 기초 단계, 응용 단계로 분류하여 구성하였습니다. 특히 학교에서 교과서의 제한된 내용을 중심으로 가르칠 수밖에 없었던 아쉬움을 극복하기 위해, 보다 넓은 주제를 제시하고 심화 학습할 수 있도록 하였습니다.

과학 과목을 공부하는 데 있어서 가장 중요한 것은 원리와 개념을 제대로 이해하는 것입니다. 과학고 선생님들이 주축이 되어 만들어진 이 책은 지식 전달 위주의 구성이 아니라, 이론이나 법칙, 공식의 생성 과정 등을 상세히 알려 줌으로써 학생들이 원리와 개념을 제대로 이해할 수 있도록 하였습니다. 자칫 딱딱하고 어려워질 수 있는 학습 주제들에 대해서는 실생활과 밀접한 사례나 에피소드를 들어 쉽게 이해할 수 있도록 하였습니다. 동시에 개념과 용어들이 나오게 된 배경을 설명해 줌으로써 학생들이 호기심과 흥미를 가지고 읽을 수 있도록 하였습니다.

이 책을 읽는 학생들은 기초 과학은 물론, 응용 과학, 생활 과학, 과학사, 전통 과학까지 입체적으로 바라볼 수 있으며, 과학 전반에 대한 안목과 교양을 쌓을 수 있습니다. 더불어 특목고, 자사고 등 명문 고등학교에서 요구하는 기본 학습 목표에 충분히 도달할 수 있습니다. 또한 점차 큰 비중을 차지하는 논술 공부를 책 끝에 마련하여 새로운 통합 과학 논술의 시범적 사례를 제시하였습니다. 이 부분이 학생들에게 많은 도움이 되리라는 것은 의심할 여지가 없을 것입니다.

앞으로의 우리나라 과학 학습은 단답식이 아닌 서술형 문제에 대한 체계적인 설명 능력의 비중이 커질 것입니다. 원리나 개념을 정확히 이해하지 못한 채 단순 암기식 공부만으로는 이제 문제에 대처해 나갈 수 없습니다.

이 시리즈에 담긴 탄탄한 학습적 구성과 배경 설명들은 탐구력과 창의력을 목표로 하는 교육 방향과 일치하여, 학생들의 실력 배양에 든든한 밑바탕이 될 것으로 확신합니다.

교육 일선에서 노력하시는 많은 선생님들과 자녀들 뒷바라지에 노고를 아끼지 않으시는 학부모님들께 다시 한 번 감사드리며, 새롭게 선보이는 '상위 5% 총서' 시리즈에 깊은 관심과 성원을 부탁드립니다.

'상위 5% 과학총서 편찬위원' 일동

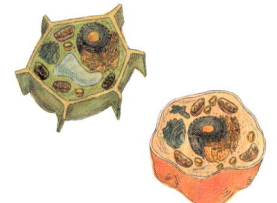

과학은 자연에 대한
호기심에서 시작한다

최초로 현미경을 발명한 얀센은 과학자가 아닌 안경사였습니다. 얀센은 어느 날 우연히 렌즈가 두 개 겹쳐진 아래로 글자를 보았는데, 글자가 크게 보이는 것을 발견하고는 두 개의 볼록 렌즈를 이용하여 현미경을 만들었습니다.

이렇게 만들어진 현미경이 차츰 발전하여 생명의 기본 단위인 세포가 발견됐고, 병원균도 발견됐습니다. 그리고 유전 물질인 DNA가 세포핵 속에 자리잡고 있는 것도 밝혀졌습니다. 현미경은 생물학의 발달에 있어 빼놓을 수 없는 중요한 역할을 톡톡히 하였습니다.

과학은 아주 작은 현상도 그냥 지나치지 않는 일에서 시작됩니다. 과학은 자연을 잘 관찰하고 이해하는 것입니다. 과학은 머리 좋은 사람들이나 공부하는 어렵고 골치 아픈 과목이라고 생각하는 친구들이 많지만 자연에 대한 호기심만 있어도 누구나 다 과학자가 될 소질이 있습니다.

생물은 생명 현상에 대해 공부하는 과목입니다. 모든 자연 현상이 그렇겠지만 생명만큼 신비한 것도 없습니다. 끝도 없이 넓은 이 우주에서 생명체가 발견된 곳은 아직 지구뿐인 것만 봐도 그렇습니다. 오래전부터 수많은 과학자들이 이 신비한 생명체에 대해 연구해 왔고 앞으로도 그럴 것입니다.

21세기는 생물학의 시대로 부를 정도로 생물학의 위상이 높아지고 있습니다. 특히 20세기 중반에 DNA의 분자 구조가 밝혀지면서 생물학은 눈부신 발전을 거듭하였으며, 물리학과 화학 등 주변 과학 기술의 발달로 생물이 나타내는 생명 현상을 원자나 분자 수준에서 설명하고 조작하는 일이 가능해졌습니다.

생물학은 이러한 분자 생물학의 대두로 인해 생명 현상의 본질인 유전자의 해명과 그 응용을 기초로 하여 새로운 개념의 생명 과학으로 도약하게 되었습니다.

오늘날의 생물학은 생명 본질에 대한 순수한 지적 호기심의 충족 외에도 폭넓은 응용 분야와 기술의 발달을 이용하여 인류가 당면한 여러 가지 어려운 문제점에 대한 해결 방안을 제시해 주리라 믿습니다. 끊임없는 과학 문명의 발달에도 불구하고 아직까지 정복하지 못한 질병과 노화, 환경오염, 식량 문제 등 각종 문제에 대한 실마리는 생물학을 통해 얻을 수 있을 것이라는 것이 일반적인 전망입니다.

흔히 생물은 다른 과학 과목에 비해 외울 것이 많아서 재미가 없다고들 합니다. 그건 생물에 대해 잘 몰라서 하는 말입니다. 모든 생명 현상은 다 이유가 있고, 일정한 원리에 의해 움직이고 있습니다. 이러한 원리들을 하나하나 이해하고 보면 모든 현상들이 연결되어 있다는 것을 알 수 있습니다.

우리 몸에서 일어나는 모든 현상들을 당연하게 받아들이는 대신 '왜'라는 질문을 던지면서 생각한다면 생물이 한결 재미있는 과목으로 다가올 것입니다.

대표집필 백승용(서울과학고 생물과 교사)

일러두기

생물 여행자를 위한 안내서
본 시리즈 내에서 각 과목의 내용이 어떻게 구성되어 있는지 보여 준다.

관련 교과
각 장에서 다루는 주제들이 교과서와 어떻게 연계되는지 해당 과목과 단원을 제시하였다.

팁
본문에 나오는 어려운 용어, 역사적인 사건, 과학 이론 등을 따로 떼어서 쉽고 자세한 설명을 붙여 이해도를 높였다.

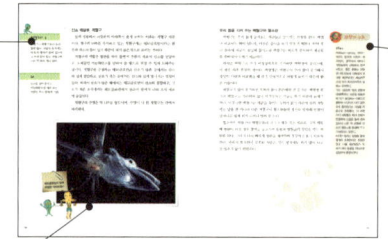

과학자 노트
본문에 나오는 과학자에 대한 정보를 알 수 있도록 생애와 업적을 간략히 소개하였다.

사진
눈으로 보고 확인할 수 있는 다양한 시각 자료를 통하여 본문의 내용을 깊이 있게 이해하도록 도와 준다.

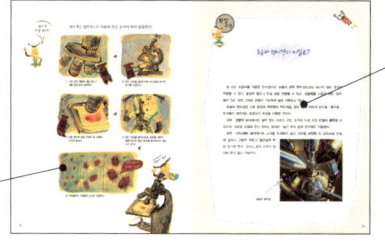

확장 교양
본문 내용과 관련하여 폭넓고 깊은 지식을 별도로 담아 지식의 폭을 넓히도록 하였다.

그림
학습 내용과 관련된 그림을 제시하여 이해를 도울 뿐 아니라 흥미를 유발하여 학습 동기를 갖게 하였다.

You Know What?
본문의 주제와 관련하여 알려지지 않은 흥미로운 이야기들, 역사적인 사건 등을 소개한다.

논술로 다시 읽는 기초 생물(상)
책에서 다루는 주제들을 2개의 통합 주제로 묶어 글 읽는 방법, 생각하는 방법, 글 쓰는 요령, 토론하는 자세 등 맞춤형 논술을 제시한다.

찾아보기
궁금하거나 알고 싶은 주제어를 빨리 찾아볼 수 있도록 해당 주제어가 나오는 페이지를 표시하였다.

5. 영양소 · 55
우리 몸은 영양 덩어리 | 에너지를 팍팍 주는 3대 영양소
부족하면 꼭 탈을 일으키는 부영양소
확장교양 – 레몬이 구한 괴혈병
You Know What? – 트랜스 지방의 모든 것

6. 소화와 흡수 · 65
우리가 먹은 음식들은 어떻게 될까
소화가 되려면 작아져야 한다 | 흡수되지 않는 게 있다
알아 두면 좋은 영양소에 관한 진실
확장교양 – 소화 과정을 연구한 과학자들
You Know What? – 키가 크고 싶다면

7. 호흡 기관 · 75
숨을 쉴 수 있게 해주는 호흡 기관
코딱지의 정체 | 코로 들어온 공기는 기관으로
폐에게 폐(?) 끼치지 말자
확장교양 – 피부로도 호흡을 할까?
You Know What? – 복식 호흡을 배우면 고래처럼 숨 쉴 수 있다

8. 호흡 운동과 호흡의 원리 · 85
사람은 어디서 에너지를 얻을까
에너지를 만드는 데 산소 확보는 필수
영양소와 산소의 만남 | 밖에서도 호흡하고, 안에서도 호흡하고
산소 없이 이루어지는 무기 호흡
확장교양 – 인공 심장
You Know What? – 간접 흡연이 더 나쁜 이유

9. 혈액의 구성과 기능 · 95
피는 물보다 진하다 | 피가 왜 노란색이지
산소 배달부, 적혈구
우리 몸을 지켜주는 백혈구와 혈소판
You Know What? – 수혈의 역사

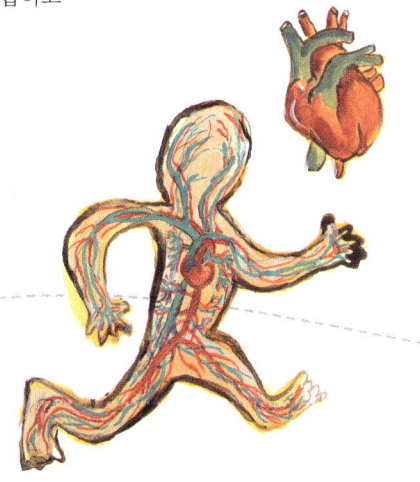

생물 교실 1

기초 생물 상

- 생물과 무생물
- 현미경
- 세포의 구조와 기능
- 생물의 구성
- 영양소
- 소화와 흡수
- 호흡 기관과 호흡 운동
- 광합성과 호흡
- 혈액의 순환
- 잎의 구조와 기능
- 줄기와 뿌리
- 꽃과 열매

생물 교실 2

기초 생물 하

- 소화와 소화 기관
- 혈액의 순환
- 배설과 배설 기관
- 감각 기관
- 신경계
- 호르몬
- 면역
- 발생과 생장
- 세포 주기와 세포 분열
- 염색체와 유전자
- 유전
- 유전병
- 임신과 출산
- 진화

10. 광합성과 호흡 · 103

식물의 광합성과 숨쉬기 | 물만 먹고 살 순 없어
기공은 공기가 드나드는 구멍 | 식물의 숨쉬기
확장교양 – 광합성의 연구사
You Know What? – 밤에도 잠을 안 자는 식물들

11. 줄기와 뿌리 · 115

뿌리처럼 생긴 줄기
줄기 속은 어떤 모습일까
무엇이 줄기를 자라게 하는 걸까
풀이 두꺼워지지 않는 이유
뿌리의 구조 | 뿌리가 하는 일
식물도 영양분이 필요하다
You Know What? – 세상에서 가장 오래된 나무

12. 잎의 구조와 기능 · 129

물을 끌어올릴 수 있게 하는 증산 작용
잎의 구조 들여다보기
뿌리에서 잎까지
뿌리와 잎의 힘만으로는 모자란다
확장교양 – 나뭇잎의 수명
You Know What? – 나뭇잎은 왜 떨어질까?

13. 꽃과 열매 · 139

꽃은 누구를 위하여 필까
아름다움의 극치, 꽃
암술과 수술의 러브 스토리
꽃에서 열매가 되기까지
확장교양 – 우리에게 약이 되는 식물들
You Know What? – 세상에 흑장미란 존재하지 않는다!

찾아보기
특별부록 논술로 다시 읽는 기초 생물(상)

생물 여행자를 위한 안내서

4단계 생물 여행

생물은 기초 생물(상), 기초 생물(하), 응용 생물, 생물학사의 4단계로 구성되어 있다. 기초 단계에서는 중·고등학교 교과 과정에서 배우게 되는 생물의 기초 개념들을 다루어 알기 쉽게 설명하였으며, 응용 단계에서는 현재 과학의 각 분야에서 가장 핵심적인 개념들과 함께 생물이 우리의 생활과 직접 연관되는 부분들을 짚어 주어 실생활 속에서 과학을 발견할 수 있도록 하였다. 생물학사 단계에서는 생물학의 발달 과정을 통해 과학자들의 삶을 소개하고, 또한 기초 단계나 응용 단계에 나타난 다양한 개념을 확실히 다져 준다.

차례

생물 이야기를 읽기 전에
손씻기
마시멜로
달리기

1. 생물과 무생물 · 15
움직이는 것은 무엇인가
생물과 무생물 | 세포로 이루어져 자란다
생물이야, 무생물이야
생물인지 아닌지 알쏭달쏭한 것들
You know What? – 생명을 몰라서 테러하는 걸까?

2. 움직임 · 25
생명으로 보일 정도로 빠르게 자라는 생명
인상사가 차린 밥은 생명일까
생명이 아닌 것 | 생명이 아닌 것 관찰하기
생명이란? – 죽음이란 생명이란 무엇인가
You know What? – 먹고 볼 수 있는 돌로된 생명체!

3. 세포의 구조와 기능 · 35
생명정으로 활달해 본 세포
동물 세포 vs 식물 세포
세포의 약속된 '핵' | 세포가 단정한 세포들
혁장고정 - 몰기
You know What? – 동물의 사람이 풀풀한 사람보다 세포가 더 클까?

4. 생물의 구성 · 45
세포가 모여 생명체가 되기까지
단순한 단세포 동물, 복잡한 다세포 동물
하나의 세포가 사람이 되기까지
사람에게만 볼 수 있는 조직이 조직계
You know What? – 공중에게도 배가 있을까?

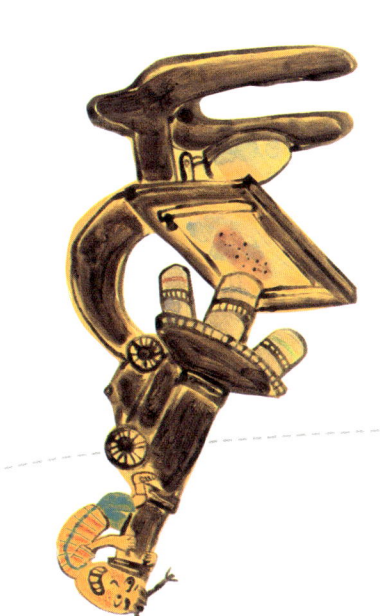

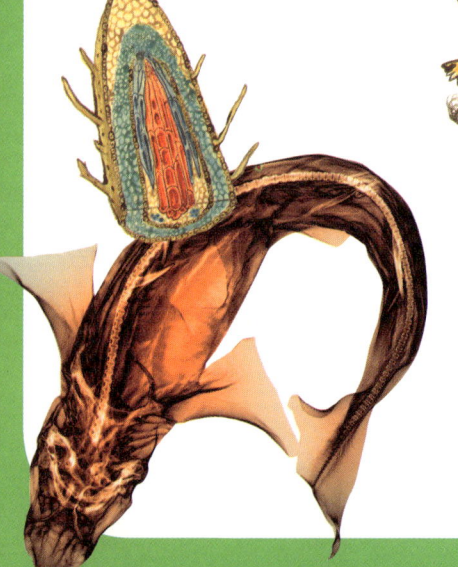

생물 고개 3 응용 생물

돌연변이
유전자 치료와 기둥
멸종과 진화보전
생명 윤리
고장 수리대
물질 사용
장기 개발
그릇
운동 인지
아이메
백신
기능성 식품
관상 생물

생물 고개 4 생물학사

생리의 발달
세포의 연구
생태학의 연구
수정의 연구
운동의 연구
발달의 연구
신경계의 연구
생식의 발견
동물 발달의 역사
생태의 발견
진화의 연구
현대의 발전
생물학의 발달
동식물지 사이어

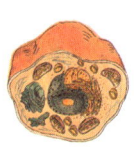

생물과 무생물 01

중학교 1 과학
6. 생물의 구성
고등학교 생물 II
1. 생명 현상의 특성 / 생명체의 특성

관련 교과

살아 있다는 것은 무엇일까

돌멩이는 살아 있을까? 흙은 살아 있다고 할 수 있을까? 스스로 움직이지 않는 잔디는 살아 있을까? 살아 있는 생명체는 무생물과 어떤 점에서 다를까?

사람을 예로 들어 생각해 보자.

살아 있는 사람은 주위 온도가 변해도 항상 일정한 체온을 유지한다. 사람은 때가 되면 밥을 먹어야 하고, 소화시켜 필요한 양분을 흡수하고 나머지는 배출한다. 호흡을 하여 에너지를 만들어 생활하고 오줌을 배설한다. 아기를 낳아 번식하고, 나이가 들면 주름이 생기고 외모가 변한다. 그러나 돌멩이는 생활하는 데 필요한 에너지를 만들어 내지 않으며 시간이 지나도 같은 종류의 자손을 만들지 못한다.

이처럼 살아 있는 생명체는 외부 환경이 변해도 항상 일정한 상태를 유지하고, 외부로부터 영양분을 받아들여 성장한다. 그리고 호흡을 하여 생활하는 데 필요한 에너지를 만들어 내며 불필요한 노폐물은 배설

생물과 무생물의 사전적 의미

- 생물 : 생명을 가지고 스스로 생활을 유지해 나가는 물체로, 동물·식물·미생물로 나눌 수 있다.
- 무생물 : 생활 기능이나 생명이 없는 물건으로, 세포로 이루어지지 않은 돌, 물, 흙 등이 해당된다.

한다. 뿐만 아니라 자손을 번식시켜 대대로 자신의 종족을 유지한다. 생명체는 외부에서 필요한 물질을 선택적으로 받아들이며, 고유의 구조를 유지하려는 특징이 있다.

생명

생물로서 살아갈 수 있게 하는 힘을 생명이라고 한다.

생물체의 기본은 세포

말도 하고 움직이기도 하는 로봇은 생물일까, 무생물일까? 상한 음식에 생기는 곰팡이와 감기를 일으키는 인플루엔자 바이러스는 생물이라고 할 수 있을까? 사과나무에서 딴 사과는 생물일까?

꼭 움직이는 것만 생물이라고 할 수 있을까? 주위 환경이 변하면 자신의 특징을 곧 잃어버리는 것은 생물이라고 할 수 있을까?

생물이 무생물과 다른 점은 주위 환경이 달라져도 쉽게 자신의 특성을 잃어버리지 않는다는 데 있다. 생물은 생장하고 자신의 유전 물질을 자손에게 물려준다. 생물은 외부 자극에 반응하고 자신에게 필요한 양

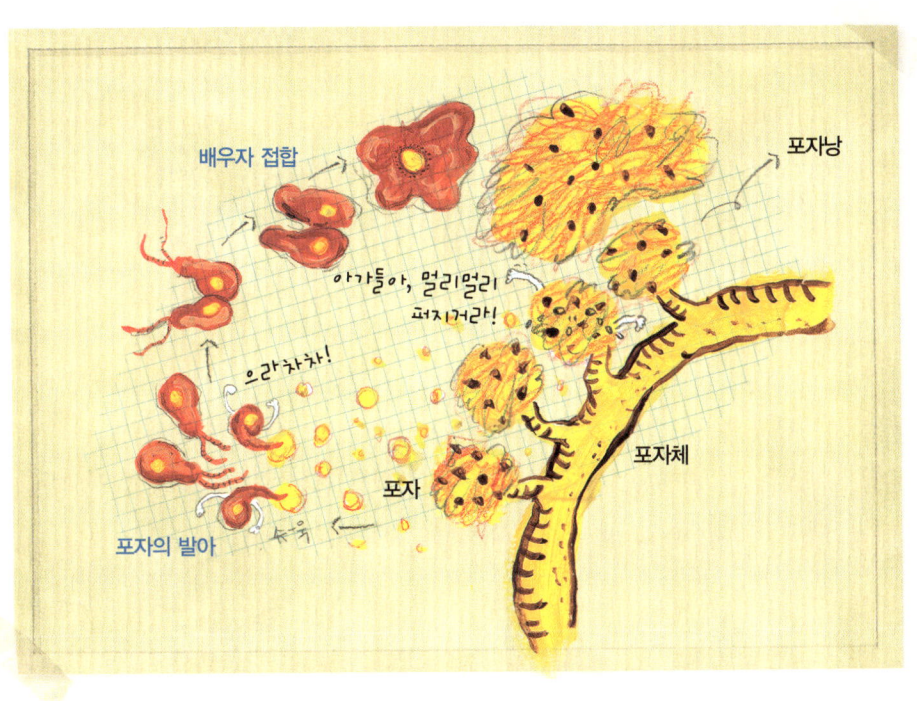

자라나는 석영수정

광물에 속하는 석영수정은 살아 있는 유기체가 아닌데도 성장을 한다. 격자 형태의 결정 구조가 끊임없이 배로 늘어나면서 자라는 것이다. 그렇다고 석영수정을 생물에 포함시킬 수는 없다.

분을 받아들인 뒤 에너지를 만들어 생활한다.

이 모든 기능을 하는 가장 기본이 되는 구조가 생물체의 몸을 구성하는 세포이다. 모든 생물체는 세포라는 기본 단위로 구성되어 있다.

말을 하고 움직이는 로봇은 일부 자극에는 반응하지만, 세포라는 기본 단위로 되어 있지도 않고 생장하거나 자손을 만들어 내지도 못하므로 무생물에 해당한다. 곰팡이는 세포라는 기본 단위로 되어 있고, 포자라는 것을 만들어 번식하므로 생물에 해당한다.

나무에서 딴 사과는 열매 속에 장차 사과나무가 될 유전자를 포함하는 씨가 들어 있으므로 생물이 될 가능성이 있다. 물론 그냥 먹어 버린다면 그저 열매일 뿐이지만 말이다.

생물도 생명을 잃으면 무생물이 된다. 생물이 죽어 무생물이 되면 생명의 특성이 대부분 없어지지만, 처음에는 모양이나 구성 물질 등에 어느 정도의 공통점은 있다. 그러나 시간이 지날수록 생명의 특성은 사라지게 된다.

세포는 얼마나 작을까

사람, 장미, 버섯, 대장균은 모두 살아 있는 생물이라는 점 외에 별다른 공통점이 없어 보인다. 하지만 이들 모두 세포를 기본 단위로 하는 구조를 가지고 있다.

세포는 맨눈으로는 볼 수 없을 정도로 아주 작아 현미경으로 관찰해야만 그 구조를 확인할 수 있다.

세포의 크기는 생물의 종류에 따라 약간씩 차이가 있지만 평균 10㎛밖에 되지 않는다. 1㎛는 1/1000mm이므로 세포가 얼마나 작은 단위인지 짐작할 수 있을 것이다. 하지만 세포는 생물의 여러 가지 기능을 담당하고 생명을 유지하며 번식하는 데 중요한 요소이다.

우리 주변에는 하나의 세포로만 이루어진 아주 간단한 생물부터 약

㎛(마이크로미터)

미크론이라고도 한다. 1㎛는 0.001mm와 같은 길이이다.

60조 개의 세포로 구성된 사람처럼 복잡한 생물들까지 다양한 생물들이 존재한다.

생물이야, 무생물이야

대장균과 같은 세균은 세포로 이루어져 있지만, 감기, 에이즈와 같이 사람과 동물에게 많은 병을 일으키는 바이러스는 세포로 구성되어 있지 않다. 그렇다면 바이러스의 몸은 무엇으로 되어 있을까?

바이러스는 단백질로 된 껍질 속에 핵산이라고 하는 유전 물질(DNA, RNA)이 들어 있다.

바이러스는 세포막도 없고, 스스로 양분을 흡수하여 에너지를 만들지 못하는 데다 생물체 밖에서는 결정으로 있기 때문에 돌멩이처럼 무생물과 같은 상태이다. 하지만 살아 있는 세포 속에 들어가서 기생하면, 번식을 하며 생물체 내에서 병을 일으킨다. 그래서 바이러스를 생물과 무생물의 중간 단계라고 본다.

세균

하등한 생물체로서, 일반적으로 단세포로 이루어져서 활동하는 미생물을 말하며, '박테리아'라고도 한다.

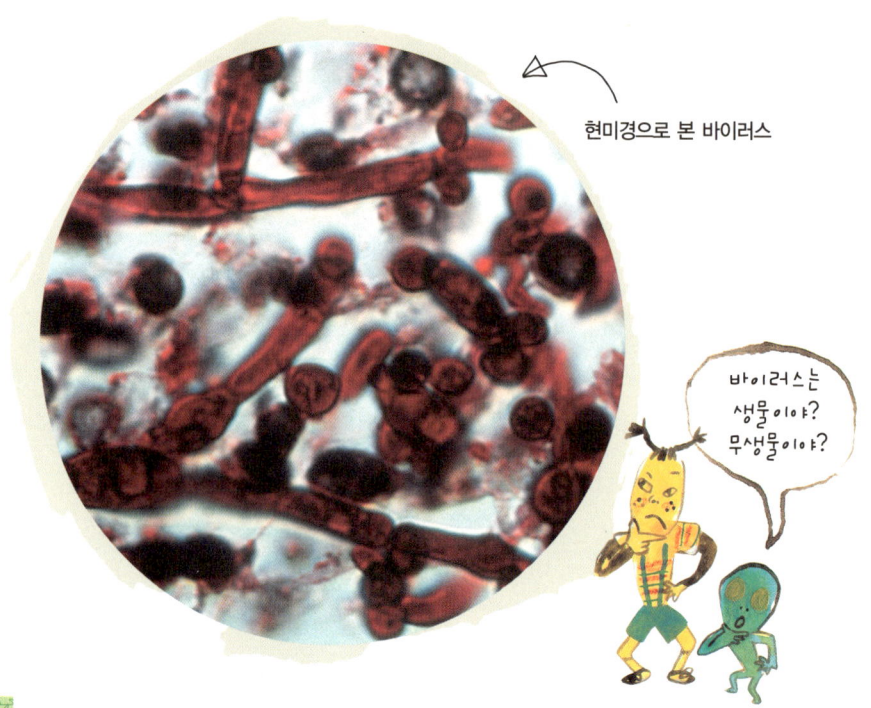

현미경으로 본 바이러스

미생물
크기가 너무 작아 눈에 보이지 않는 미세한 생물로, 주로 단일 세포나 균사로 몸을 이루며 산다.

바이러스
바이러스(virus)라는 말은 원래 병을 일으키는 '독'이란 뜻을 가지고 있으며, 세균보다 작아서 전자 현미경을 사용하지 않으면 볼 수 없는 병원체이다.

생물은 크게 동물과 식물로만 나뉘지만, 세균이나 바이러스 같은 것들도 있기 때문에 동물, 식물 그리고 미생물로 분류하기도 한다.

움직이지 않는 동물
세포로 구성되어 있는 다양한 생물들은 세포 속의 구조물에 따라 몇 개의 집단으로 나눌 수 있다.

그렇다면 동물과 식물은 어떻게 구별할까?

　식물의 가장 큰 특징으로 움직일 수 없다는 것을 꼽는다. 그럼 움직이지 않으면 모두 식물일까? 바다 속에 사는 산호와 말미잘은 움직일 수 없지만 동물에 속한다.

　그렇다면 우리는 여러 가지 생물들 중 어떤 것을 식물이라고 부를 수 있을까? 민들레, 느티나무처럼 우리 주변의 식물들은 태양에너지를 이용하여 스스로 양분을 만들어 낸다. 식물의 몸을 구성하는 세포 속에는 스스로 양분을 만들어 내는 엽록체라는 구조물이 있기 때문이다.

　하지만 동물은 어떠한 방법으로든 다른 생물을 섭취하지 않으면 살아갈 수 없다.

움직일 수 없는 동물, 산호

식물 같은 동물, 말미잘

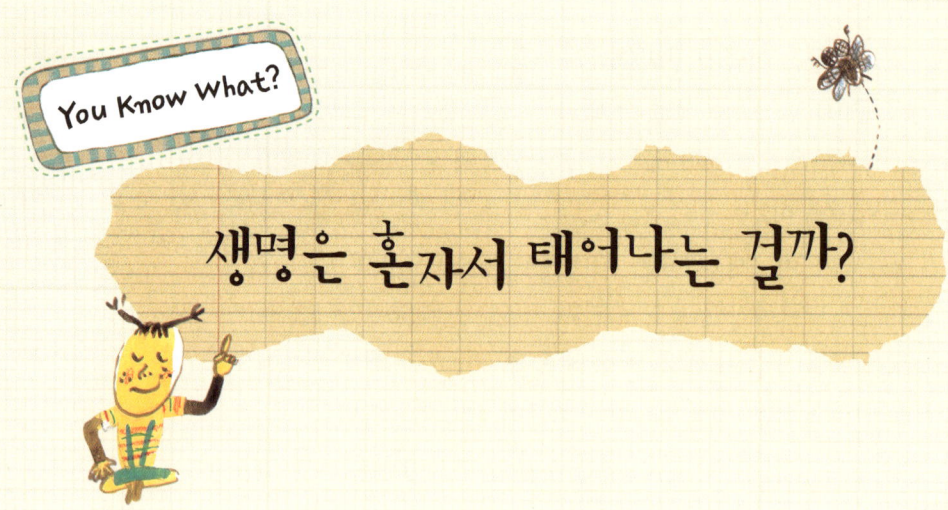

생명은 혼자서 태어나는 걸까?

 이탈리아 과학자 레디는 당시까지 과학자들이 믿고 있던 '생명은 자연적으로 발생한다'는 가설에 의문을 품었다. '도대체 어떻게 생명이 자연적으로 생길 수 있지?'
 이 의문을 풀기 위해 레디는, 지금 보면 엉뚱해 보이는 실험을 했다. 먼저 공기가 통하는 곳에 고기를 놓아 두었더니 구더기가 생겼다. 그러나 고기에 천을 씌워 놓고 파리가 접근하지 못하도록 하였더니, 고기가 썩기는 하였지만 구더기는 전혀 생기지 않았다. 이 결과를 바탕으로 레디는 '생명은 절대 자연적으로 발생하지 않는다'라고 주장하였다. 즉 고기가 썩을 때 나타나는 구더기는 자연 발생적인 것이 아니라 고기 위에 파리가 알을 낳음으로써 생겨나는 것임을 밝혔다.
 그의 실험은 현재의 과학 지식으로 보면 어딘가 엉성해 보인다. 더구나 레디는 자연 발생설은 부정하면서도 내장의 기생충은 자연적으로 발생한다고 하여 모순을 드러냈다.
 레디의 실험은 현재의 과학으로 볼 땐 웃고 넘어갈 이야기지만, 당시의 과학 수준으로 볼 때는 획기적인 생각이었다.
 요구르트로 유명한 파스퇴르도 이와 비슷한 실험을 했다. 그는 실험을 통해,

공기가 통하는 상태에서는 음식물이 썩지만 진공 상태에서는 음식물이 썩지 않는다는 사실을 발견했다.

음식물이 부패하는 것은 공기 중의 미생물 때문이라는 새로운 사실을 발견한 것이다. 파스퇴르의 이 실험은 생명은 절대 자연적으로 발생하지 않는다는 사실을 증명했다. 그렇다면 아무것도 없는 상태에서 어떻게 최초의 생명이 탄생할 수 있었을까? 현대 과학자들도 물론 생명은 자연적으로 생길 수 없다는 것을 인정한다. 그러나 어떤 조건(거대한 에너지)이 가해지면, 그때는 누구도 장담할 수 없는 결과가 생긴다고 믿고 있다.

현미경 02

중학교1 과학
6. 생물의 구성 / 현미경
고등학교 생물 II
1. 세포의 특성 / 세포의 구조와 기능

현미경으로 보면 달라지는 세상

달에 첫발을 내디딘 사람은 미국의 우주 비행사인 암스트롱이다. 아무도 보지 못했던 미지의 세계를 처음 본 암스트롱의 기분은 어땠을까? 쉽게 볼 수 없는 미지의 세계를 본다는 것은 정말로 신비하고 놀라운 경험일 것이다.

그런데 우리에게도 미지의 세계를 볼 수 있는 기회가 있다. 맨눈으로는 도저히 볼 수 없는 세계도 현미경을 통해서 보면 다 보인다.

세포는 생물의 몸을 구성하는 기본 단위 조직으로, 그냥 맨눈으로 볼 수 있는 크기가 아니다. 돋보기를 사용해도 볼 수 없는 게 대부분이지만 현미경을 통해서는 입 안의 세포 모양까지도 관찰할 수 있다.

물론 입 안 세포에 붙어 있는 세균까지도 다 보이기 때문에 때론 현미경 관찰이 곤혹스러울 때도 있다. 이렇듯 현미경 속에 보이는 생물의 세계는 놀랍기 그지없다.

초기의 현미경

현재의 현미경과 같은 구조의 현미경을 처음 발명한 사람은 네덜란드의 얀센이다. 하지만 당시 이 발명품은 주로 해양 탐사에 사용됐기 때문에 망원경의 형태에 가까웠다. 그 후 현대 현미경의 모태가 된 것은 레벤후크와 훅이 만든 현미경이다. 그들은 순도가 높은 석영으로 렌즈를 만들었다.

안경사가 처음 만든 현미경

우리는 보통 물체를 확대해서 보는 도구로 돋보기를 떠올린다. 돋보기는 볼록 렌즈 하나로 물체를 확대해서 보는 도구다. 그런데 알다시피 돋보기로 물체를 확대해서 보는 데는 한계가 있다. 렌즈 한 개로 물체를 보기 때문이다. 그렇다면 렌즈 두 개로 물체를 본다면 어떻게 될까?

최초의 현미경은 이렇게 만들어졌다. 안경사였던 얀센은 어느 날 우연히 렌즈 두 개가 겹쳐져 있는 상태에서 밑에 있던 글자를 보게 되었는데 크게 확대되어 보인다는 것을 발견하였다. 이에 얀센은 1590년 두 개의 볼록 렌즈를 이용해 최초

1590년 얀센이 만든 초기 현미경

의 현미경을 만들었는데 최대 10배 정도까지 사물을 확대하여 볼 수 있었다.

그러나 이러한 현미경을 실제로 사용한 사람은 네덜란드의 레벤후크였다. 1660년 그가 발명한 현미경은 놀랍게도 270배로 확대해 볼 수 있는 것이어서, 당시 그는 이 현미경으로 작은 박테리아까지 관찰할 수 있었다고 한다.

레벤후크는 현미경을 통해 여러 가지를 관찰했는데, 혈액이나 자신의 수염, 배설물, 입 안까지도 관찰했다. 그러고는 "내 입 속에는 네덜란드 국민의 수보다 많은 작은 동물들이 살고 있다"라고 말했다.

그 후 1665년 훅이라는 과학자가 성능 좋은 현미경을 만들어 세포를 관찰하는 데 최초로 성공했다. 훅은 코르크를 현미경으로 관찰하여 작은 방처럼 생긴 것들을 보고는 작은 방을 뜻하는 '세포(cell)'라고 이름

전자 현미경으로 본 벌의 모습

광학 현미경
유리 렌즈를 사용하며, 빛은 가시광선을 이용한다. 컬러로 관찰이 가능하다.

전자 현미경
광학 현미경과는 달리 유리 렌즈 대신 마그네틱 렌즈를 이용하고, 광원은 가시광선 대신 파장이 짧은 전자선을 이용한다. 따라서 흑백상만 관찰할 수 있다.

프레파라트
현미경으로 관찰하고자 하는 물질을 슬라이드글라스 위에 얹고 그 위에 커버글라스를 덮어 만드는 표본.

붙였다.

그럼 현미경은 물체를 얼마나 확대해서 볼 수 있을까?

보통의 현미경을 광학 현미경이라고 하는데, 광학 현미경은 25배에서 1,000배까지도 확대해서 볼 수 있으며, 최근에 개발된 전자 현미경은 수백만 배로도 확대해 볼 수 있다.

현미경의 비밀

현미경으로 1,000배까지도 확대해 볼 수 있다고 했는데 어떤 원리로 가능한 걸까?

그것은 렌즈 하나로 보는 돋보기와 달리 두 개의 렌즈로 물체를 보는 데 비밀이 숨어 있다. 현미경의 그림을 보면서 그 원리를 살펴보자.

▶ **현미경의 구조**

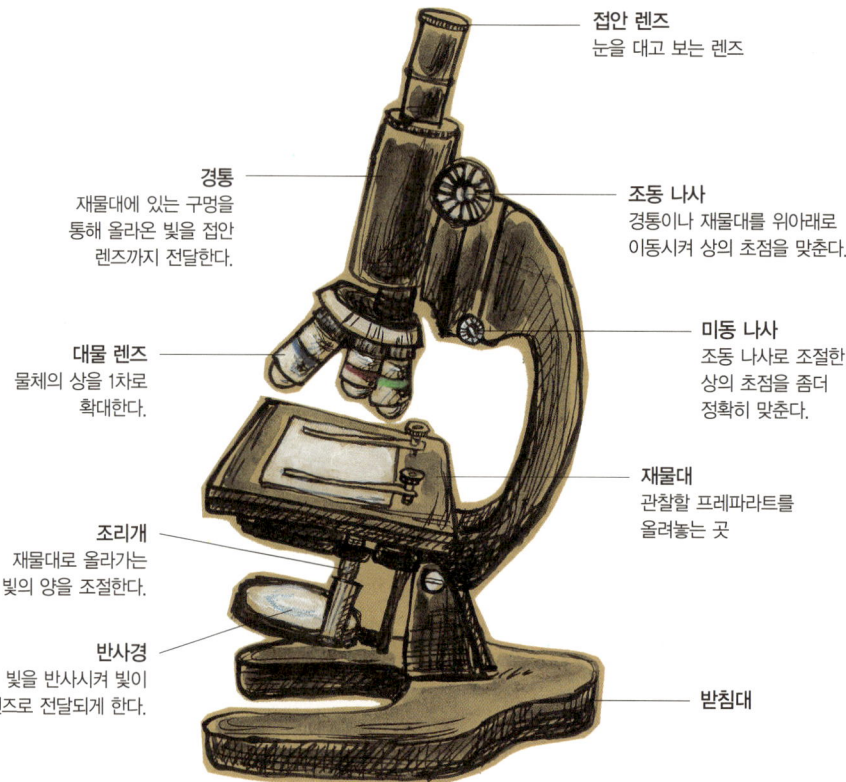

접안 렌즈 — 눈을 대고 보는 렌즈

경통 — 재물대에 있는 구멍을 통해 올라온 빛을 접안 렌즈까지 전달한다.

조동 나사 — 경통이나 재물대를 위아래로 이동시켜 상의 초점을 맞춘다.

대물 렌즈 — 물체의 상을 1차로 확대한다.

미동 나사 — 조동 나사로 조절한 상의 초점을 좀더 정확히 맞춘다.

재물대 — 관찰할 프레파라트를 올려놓는 곳

조리개 — 재물대로 올라가는 빛의 양을 조절한다.

반사경 — 빛을 반사시켜 빛이 접안 렌즈로 전달되게 한다.

받침대

현미경에는 두 개의 렌즈가 있다. 하나는 눈을 대는 곳에 위치한 접안 렌즈고, 다른 하나는 물체를 놓는 데 위치한 대물 렌즈다. 여기서 대물 렌즈를 통해 확대된 물체가 접안 렌즈를 통해 또 한 번 확대되기 때문에 고배율로 보인다.

이때 현미경의 확대 비율은 접안 렌즈와 대물 렌즈의 배율을 곱해서 구한다. 만약 접안 렌즈의 배율이 10배이고, 대물 렌즈의 배율이 4배라면 관찰자는 $10 \times 4 = 40$배로 확대된 상을 관찰하는 것이다.

또한 현미경으로 들여다볼 때는 반드시 물체에 빛을 비춰 줘야 한다. 맨 아래에 있는 반사경으로 빛을 모아 물체에 비춰 줘야만 물체를 볼 수 있다. 그래서 이런 현미경을 광학 현미경이라고 부르는 것이다.

확대 비율

접안 렌즈는 길이가 짧을수록, 대물 렌즈는 길이가 길수록 확대 비율이 커진다.

현미경으로 관찰하기

현미경의 사용법을 알기 전에 현미경을 다룰 때 주의해야 할 것들을 몇 가지 알아보자.

우선 현미경은 먼지·습기·직사광선을 피해야 한다. 이런 것들에 노출되면 손상될 수가 있기 때문이다. 그리고 렌즈에 먼지가 묻을 경우 물로 닦지 말고 부드러운 붓 같은 것으로 가볍게 털어 낸다.

현미경의 상

경통 이동식 현미경은 원래 현미경 자체가 굴절의 원리를 이용한 것이므로 상하좌우가 다 반전되어 보이고, 재물대 이동식 현미경은 프리즘을 이용해서 상하의 반전이 보완되어 좌우만이 반전되어 보인다.

▶ 현미경의 상

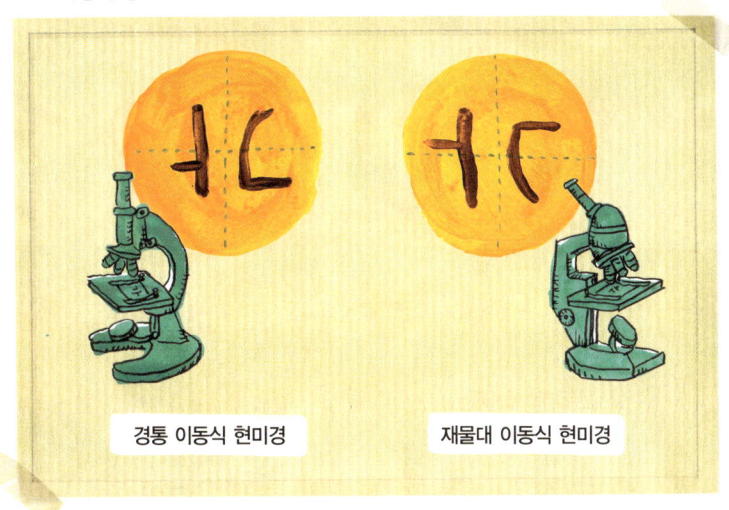

경통 이동식 현미경　　　재물대 이동식 현미경

현미경은 일반적으로 다음과 같은 순서에 따라 관찰한다.

① 가장 낮은 배율의 대물 렌즈가 경통 밑에 오게 장치한다.

② 접안 렌즈를 들여다보며 반사경을 움직여 밝기를 조절한다.

③ 대물 렌즈의 끝을 가능한 한 시료에 가까이 놓는다.

④ 접안 렌즈를 들여다보며 초점을 정확히 맞춘다(이때 접안 렌즈를 들여다보지 않는 눈도 뜬다).

⑤ 저배율에서 고배율의 순서로 관찰한다.

초음파 현미경의 비밀은?

빛 대신 초음파를 이용한 현미경으로, 보통의 광학 현미경으로는 보이지 않는 곳까지 관찰할 수 있다. 물질의 밀도나 탄성 등을 관찰할 수 있고, 생물체를 시료로 하는 경우, 살아 있는 상태 그대로 관찰이 가능하여 널리 사용되고 있다.

초음파 현미경은 시료 물질의 딱딱함과 부드러움, 밀도 등에 따라서 반사율·흡수율·투과율이 달라지는 초음파의 특성을 이용한 것이다.

의학·생물학 분야에서는 살아 있는 세포의 구조, 조직의 미세 구조 관찰에 활용할 수 있으며, 의료용 초음파 진단 장치는 암세포·심근 조직 등의 연구에도 이용된다.

광학·이학(理學) 분야에서는 소재를 파괴하지 않고 내부를 관찰할 수 있으므로 반도체 검사나 고분자 재료의 점탄성적 특성 검사와 연구, 그리고 금속 조직의 검사와 연구 등이 가능하다.

초음파 현미경

빛도 볼 수 있는 놀라운 현미경!

19세기 말 영국의 과학자 맥스웰은 빛이 크기와 방향을 가진 전자기파라는 사실을 입증했다. 그러나 지금까지 이것을 눈으로 확인할 수 있는 방법은 개발하지 못했다. 어떻게 빛을 볼 수 있겠는가!

그런데 놀랍게도 우리나라 연구진이 빛의 크기와 움직임을 동시에 관찰할 수 있는 벡터장 현미경을 개발했다. 이 역사적인 사건은 2006년 12월 21일, 각 언론을 통해 대서특필되었다.

이처럼 세계 최초로 빛을 볼 수 있는 현미경을 발명한 사람은 서울대 김대식 교수 팀이었다. 그들은 순수한 우리나라의 기술로 1년 6개월여의 연구 끝에 세계 최초로 빛을 볼 수 있는 현미경을 개발한 것이다.

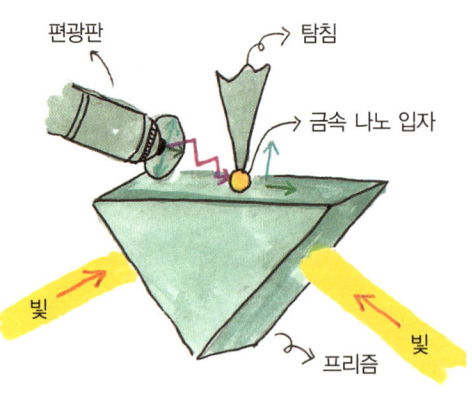

벡터장 현미경의 원리 탐침 끝에 달린 금속 나노 입자를 통해 프리즘을 통과한 빛을 산란시켜 이를 편광판을 통해 촬영한 뒤 분석하면 빛의 크기와 방향을 관찰할 수 있다.

그럼 이 현미경은 앞으로 어디에 쓰일까?

지금까지의 빛에 대한 이론은 학문적 지식과 실험 결과를 바탕으로 한 것이다. 그러나 실제로 본 적이 없으니 확인할 길은 없었다. 이제 빛을 실제로 보게 되었으니 기존의 이론을 확인하는 것은 물론, 예상하지 못했던 새로운 현상도 발견할 수 있을 것이다.

또한, 이 현미경을 이용하면 지금까지의 현미경으로는 볼 수 없던 미지의 존재를 밝혀 낼 수도 있을 것이다. 지금으로선 섣부른 예상일지 몰라도, 앞으로 어떤 놀라운 발견이 있을지 아무도 모르는 일이다.

벡터장 현미경의 응용 분야는 생명공학·물리학·화학 등 과학 기술 전반에 걸쳐서 무궁무진할 것이다.

세포의 구조와 기능 03

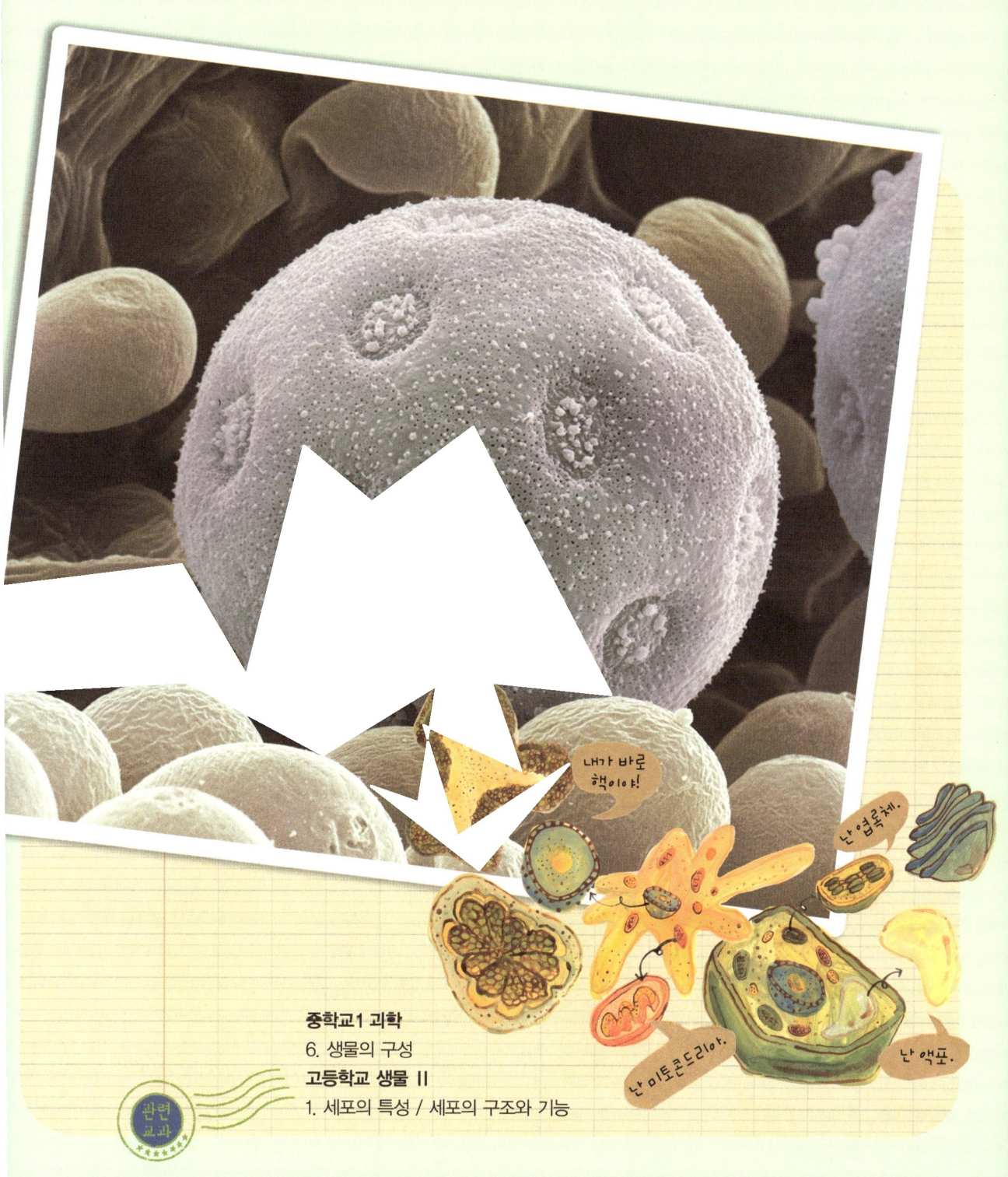

중학교1 과학
6. 생물의 구성
고등학교 생물 II
1. 세포의 특성 / 세포의 구조와 기능

현미경으로 확대해 본 세포

생명을 이루는 기본 단위인 세포는 그 기능과 모양이 천차만별이다. 아래 사진을 보자. 무엇처럼 보이는가? 왼쪽 사진은 집의 벽 같아 보이고, 오른쪽 사진은 세균 모양 같다. 그런데 이것은 집의 벽이나 세균이 아니라, 현미경으로 확대해 본 세포의 모습이다. 왼쪽은 양파의 껍질 세포이고, 오른쪽은 사람의 입 안 세포이다.

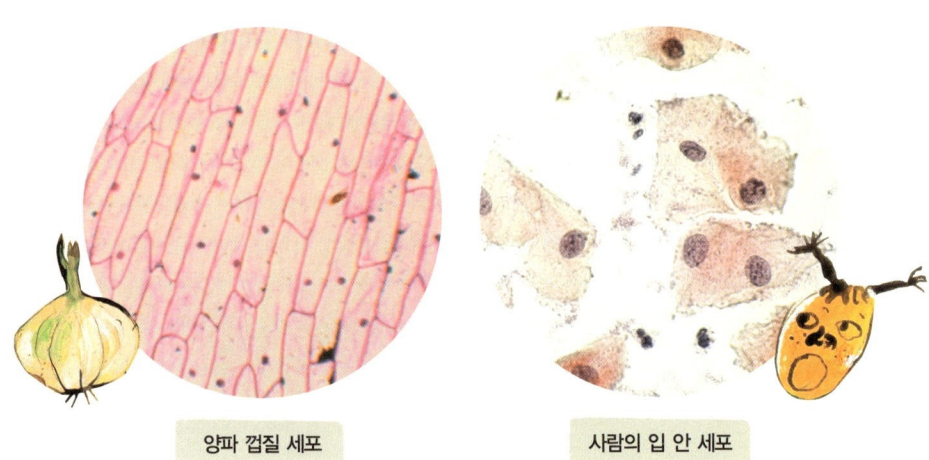

양파 껍질 세포   사람의 입 안 세포

세포란 생물의 몸을 구성하는 기본 단위 조직이다. 즉, 모든 생물은 세포로 이루어져 있다는 이야기다.

물질의 종류에 따라 물질을 구성하는 원자가 다르듯이 세포도 마찬가지다. 세포는 생물의 종류에 따라 그 크기와 모양이 다르게 나타난

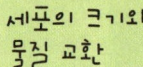

세포의 크기와 물질 교환

세포는 외부와 물질 교환을 해야 하는데, 세포가 외부와 접하는 표면적이 클수록 물질 교환을 효율적으로 할 수 있다. 세포의 크기가 크고 개수가 작은 것보다 크기가 작고 개수가 많은 경우가 표면적이 더 크게 나타난다. 따라서 세포의 크기가 작을수록 유리하다. 이러한 이유로 세포는 어느 정도 자라면 더 이상 커지지 않는다.

다. 앞의 사진에서 구분해 볼 수 있는 것처럼, 동물의 세포와 식물의 세포는 모양이 완전히 다르지 않은가!

그런데 왜 세포는 크기와 모양이 일정하지 않고 다른 걸까? 그것은 세포마다 기능이 다르기 때문이다.

예를 들어 지방 세포를 보자. 지방 세포는 저장하는 기능을 가지고 있다. 뿐만 아니라 지방 세포는 다른 세포에 비해 크기가 몇 배나 커서 지방 세포를 많이 가지고 있는 사람들은 뚱뚱하다.

동물 세포 vs 식물 세포

세포의 속은 과연 어떻게 생겼을까? 이제 신비한 세포 속을 구경할 시간이다. 세포의 모양을 크게 확대하여 나타낸 다음의 그림을 보자. 이것은 동물 세포와 식물 세포의 구조다.

그런데 한눈에 보기에도 동물 세포에 비해 식물 세포가 더 복잡해 보인다. 왜일까? 그것은 동물 세포에는 없는 게 식물 세포에는 있기 때문이다.

세포질

세포는 핵과 세포질로 구성되어 있다. 세포질은 핵을 둘러싸고 있는 부분으로서, 엽록체·미토콘드리아·액포 등 여러 가지 세포 내 소기관들을 포함하고 있다.

세포벽

식물 세포의 특징으로 동물 세포에서는 볼 수 없다. 세포벽을 이루는 주성분은 셀룰로오스인데, 세포가 성숙해져 감에 따라 다른 물질이 더해지게 된다. 세포벽은 세포막에 비해 두껍고 견고하여 세포를 보호하고 모양을 유지하는 역할을 한다.

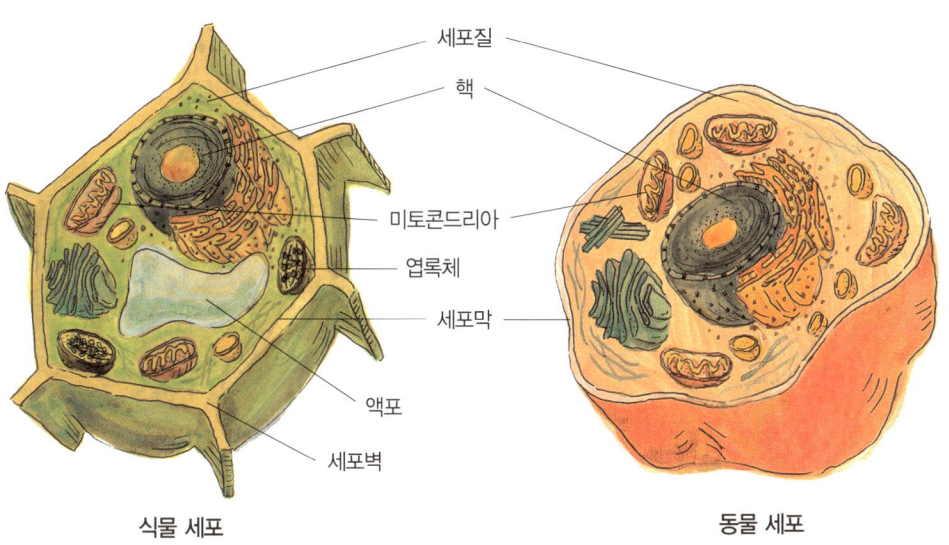

식물 세포 / 동물 세포

광합성
녹색 식물이 빛 에너지를 이용하여 이산화탄소와 물로 양분과 산소를 만드는 과정을 말한다.

우선 식물 세포를 둘러싸고 있는 벽이 더 두꺼워 보인다. 이것을 세포벽이라고 하는데, 식물 세포에만 있는 것이다. 또 자세히 보면 식물 세포에는 엽록체라는 게 있다. 식물은 광합성을 통해 양분을 얻기 때문에 엽록체를 가지고 있는 것이다. 동물은 광합성을 하지 않으니 당연히 엽록체가 없다.

또 다른 게 뭐가 있을까? 자세히 보면 식물 세포에만 물방울처럼 생긴 액포가 있다. 액포는 세포가 활동하면서 나오는 물질(노폐물)을 저장하는 곳이다. 그런데 왜 동물 세포에는 액포가 없는 걸까? 동물은 노폐물을 즉각 배설해 버리기 때문에 필요가 없고, 식물은 동물처럼 일(?)을 볼 수가 없으니 액포가 필요한 것이다. 오래된 세포일수록 액포의 크기는 더 크다.

이 세 가지(세포벽, 엽록체, 액포)를 제외하면 동물 세포와 식물 세포의 구조는 같다.

세포의 핵심은 '핵'

앞에서 본 세포의 구조 중에서 가장 중요한 것은 역시 핵이라고 할 수 있다. 이것은 집에 비유한다면 마치 안방과 같은 곳이다.

핵은 보통 세포 안에 한 개가 있으며, 핵막이라고 부르는 막으로 둘러싸여 있다. 핵은 둥근 달걀 모양이지만 백혈구의 핵처럼 말발굽 모양의 것도 있다.

핵이 중요한 이유는 생명 활동을 조절하는 중심 역할을 하기 때문이다. 실제로 세포에서 핵을 제거해 버리면 그 세포는 정상적인 생명 활동을 하지 못한다.

핵 속에는 그 생물체의 특성을 결정짓는 유전 정보를 간직한 염색체가 들어 있어 아주 중요한 역할을 한다.

핵 주위는 물(액체)로 가득 차 있으며, 그 물에 각 기관들이 떠 있는

모양을 하고 있다. 그리고 물 위에 떠 있는 것 중 하나로 미토콘드리아가 있다. 미토콘드리아는 바로 화력 발전소와 같은 역할을 한다. 즉, 영양소와 산소를 이용하여 에너지를 만드는 곳이다. 세포 속에 들어 있는 이 작은 기관에서 우리가 활동할 수 있는 에너지가 만들어진다는 것은 매우 신기한 일이다.

실제로 세포는 그 크기와 모양이 다르고 기능도 다르다. 모든 세포가 그림처럼 똑같은 모양이 아니다. 그러나 그 기본적인 구조는 크게 다르지 않다.

개성 만점인 세포들

현미경으로 보는 세포의 모양과 크기는 무척이나 다양하다.

대부분의 세포는 크기가 너무 작아 현미경으로밖에 볼 수 없지만, 어떤 세포는 맨눈으로도 볼 수 있다. 타조 알이 바로 그 주인공인데, 타조 알은 그 자체가 하나의 세포다.

그 자체가 하나의 세포인 타조 알

암 세포

암을 일으켜 수많은 사람의 생명을 빼앗는 세포이다. 정상 세포에 비해 모양이나 크기가 다르고 분열 능력이 뛰어나다. 암 세포는 증식하여 암 조직을 만들고 근처에 접해 있는 정상적인 조직을 뚫고 들어가 제 기능을 발휘하지 못하게 한다.

놀랍게도, 어떤 신경 세포는 그 길이가 무려 1m에 달한다고 한다. 이렇게 큰 세포가 있는 반면, 어떤 세포는 너무 작아서 광학 현미경으로도 잘 보이지 않는다. 이런 경우에는 전자 현미경의 힘을 빌려야 한다.

또한, 세포의 모양도 여러 가지다. 벽돌처럼 생긴 것도 있고, 둥근 공처럼 생긴 것도 있다. 또 길쭉한 모양, 막대 모양, 실 모양 등 세포의 모양과 크기는 다양하기 그지없다.

정상적인 사람이라면 보통 80회 정도 분열(세포가 나누어짐)하고 나면 세포가 죽는다. 즉, 하나의 세포가 영원히 사는 게 아니라 죽고 다시 태어나는 것을 반복한다는 이야기다.

그런데 죽지 않고 분열을 거듭하는 세포도 있다. 바로 암 세포다. 암 세포는 자기가 살자고 다른 정상적인 세포를 다 죽이는 문제아 세포다.

줄기 세포

생물을 구성하는 세포들의 기원이 되는 세포이다. 줄기 세포는 특정한 세포로 분화가 진행되지 않은 채 유지되다가 필요할 경우 몸을 구성하는 모든 종류의 세포로 분화할 가능성을 갖고 있는 세포를 말한다. 피부에 상처가 나면 시간이 지나면서 새로운 피부가 만들어지는데, 바로 피부 아래쪽에 피부 세포를 만들어내는 줄기 세포가 있기 때문이다.

줄기 세포는 출생 후부터 몸에 있는 여러 종류의 조직에 존재하는 성체 줄기 세포와 수정란에서 유래하는 배아 줄기 세포로 나눌 수 있다.

성체 줄기 세포는 장기 재생을 위해 몸속에 이식해도 문제가 없으며, 신체 조직이 손상되면 다른 장기에 있던 줄기 세포가 몰려와서 손상된 조직으로 변하는 분화의 유연성이 있다. 또한 자기 자신의 세포를 자가 이식할 수 있다는 점에서 면역 거부 반응이 발생하지 않을 수 있다.

배아 줄기 세포는 몸을 구성하는 모든 종류의 세포로 분화할 수 있는 특성을 갖고 있어 특별한 조건에서 배양한다면 무한대로 세포 증식이 가능하다. 또한 노화가 되지 않는 세포이기 때문에 한 개의 배아 줄기 세포만으로도 수많은 환자의 치료에 이용될 수 있으며, 오랜 기간 동안 배양해도 염색체 이상이 나타나지 않는다.

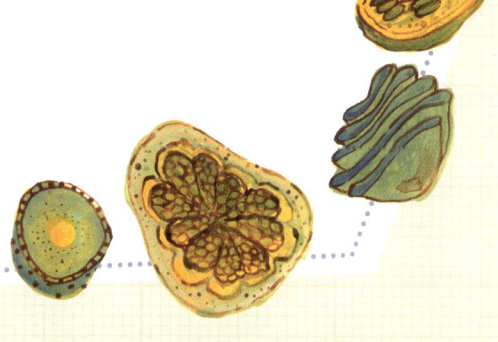

You Know What?

뚱뚱한 사람이 홀쭉한 사람보다 세포가 더 클까?

생물의 세포는 그 크기와 종류가 다양하다. 그러면 키 큰 사람의 세포가 키 작은 사람의 세포보다 더 큰 것일까? 또 뚱뚱한 사람의 세포가 홀쭉한 사람의 세포보다 더 클까? 이 질문에 대한 정답은 '두 사람 다 같다'이다.

왜 그럴까? 상식적으로 생각하기에 키 큰 사람이나 뚱뚱한 사람의 세포가 더 클 것 같은데. 생물의 세포는 크기와 모양이 다양하지만, 만약 같은 종이라면 그 크기와 모양은 같다. 예를 들어, 사람은 모두 세포의 크기와 모양이 같다. 그래서 뚱뚱한 사람이나 홀쭉한 사람이나 세포의 크기가 같은 것이다.

그러면 딱 보기에도 차이가 나 보이는 덩치는 어떻게 설명할 것인가?

그것은 세포의 개수가 많아지기 때문에 크기의 차이가 생기는 것이다. 즉, 뚱뚱한 사람은 홀쭉한 사람보다 세포의 개수가 훨씬 많다. 그래서 덩치가 커 보이는 것이다.

생물의 구성 04

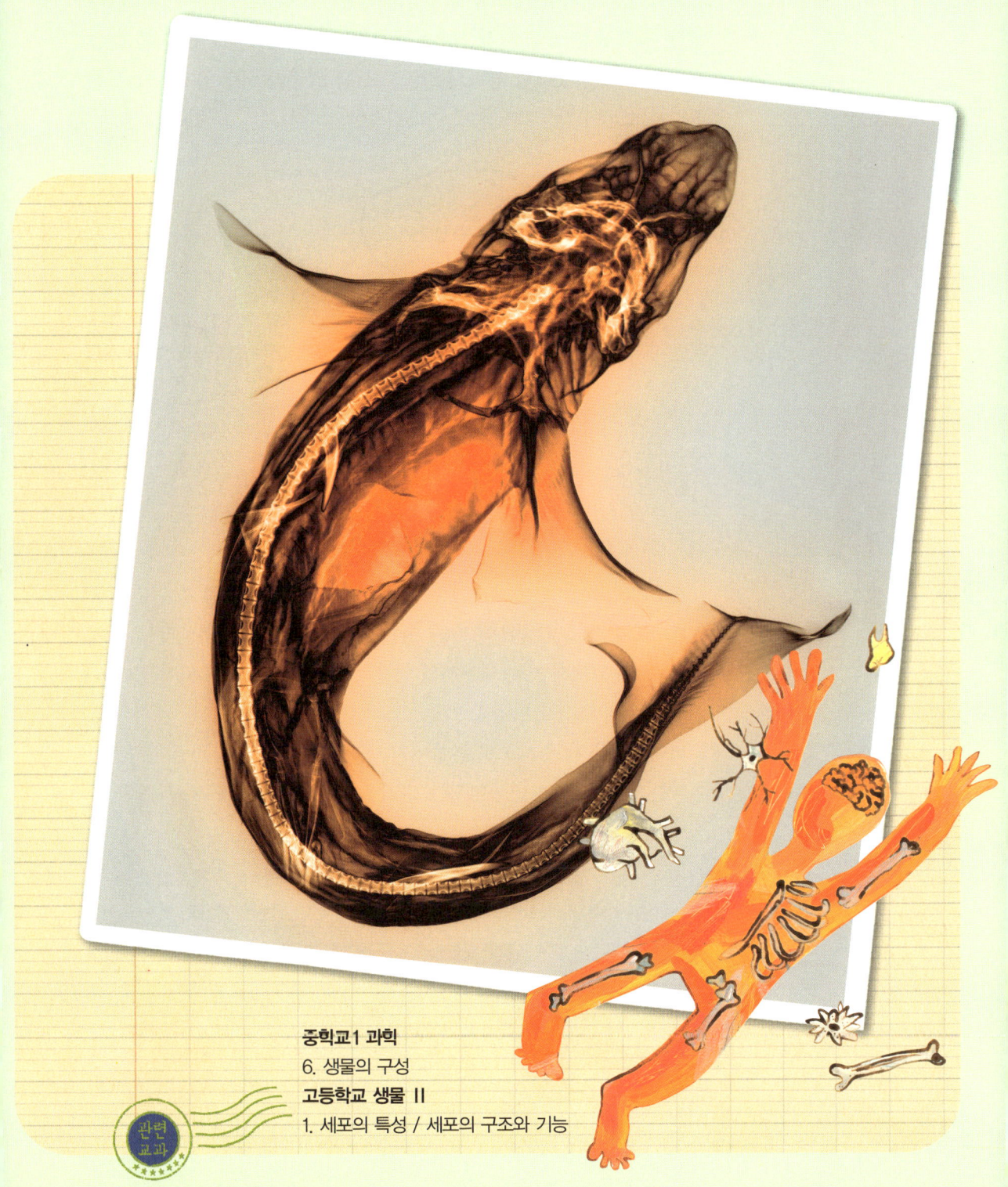

중학교1 과학
6. 생물의 구성
고등학교 생물 II
1. 세포의 특성 / 세포의 구조와 기능

세포가 모여 생명체가 되려면

지금까지 신비한 세포의 세계를 구경했다. 그런데 궁금한 것이 하나 있다. 세포들은 어떻게 결합하여 생물체의 몸이 되는 걸까? 마치 다음 그림에서 보는 것처럼 염소 원자와 나트륨 원자가 서로 규칙적으로 결합하여 소금이 만들어지는 것하고 비슷한 걸까?

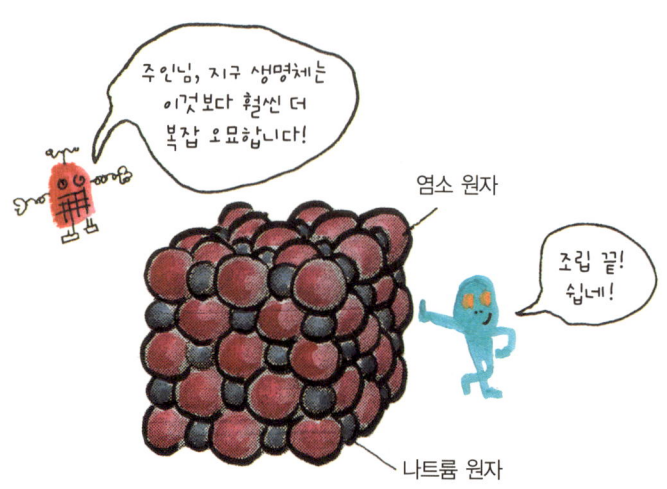

동물의 조직

- 상피 조직 : 몸을 보호하며 감각을 담당하는 부분. 피부, 구강 상피, 망막 등.
- 결합 조직 : 조직이나 기관을 연결해 주거나 지지해 준다. 뼈, 힘줄, 혈액 등.
- 근육 조직 : 운동이나 내장의 작용을 담당. 골격근, 내장근 등.
- 신경 조직 : 뉴런으로 구성되어 있으며 감각과 반응을 담당. 뇌, 척수 등.

세포가 모여 하나의 생명체가 만들어지는 과정은 그렇게 간단치가 않다. 물론 생물의 종류에 따라 아주 간단하게 만들어지는 것도 있지만, 우리 주위에서 보는 대부분의 생물들은 복잡한 구조로 되어 있다.

먼저 우리 자신을 떠올려 보자.

머리카락은 어떤 세포로 만들어지며, 또 눈, 코, 귀, 입은 어떤가? 눈이라는 기관이 하나 만들어지는 데도 수많은 종류의 세포가 복잡한 방식으로 결합해야 한다.

또한 세포는, 원자가 서로 결합하면 곧바로 물질이 만들어지는 것과는 달리, 여러 과정을 거쳐야 비로소 생물체가 된다. 세포에서 곧바로 생물체가 되는 게 아니라, 세포 → 조직 → 기관 → 생물체의 과정을 거쳐야 한다.

단순한 단세포 생물, 복잡한 다세포 생물

생물체 가운데는 세포 하나로 이루어진 경우도 있다. 즉, 세포가 곧 생물인 셈이다.

이러한 생물들은 세포 하나로 이루어졌다고 해서 '단세포 생물'이라고 한다. 단세포 생물에는 유글레나, 짚신벌레, 종벌레 등이 있다.

기생

어떤 생물이 다른 생물의 체표면 또는 체내에 붙어서 양분을 빼앗아 생활하는 것. 한쪽 생물만 이득을 얻고, 상대 생물은 피해를 입는다.

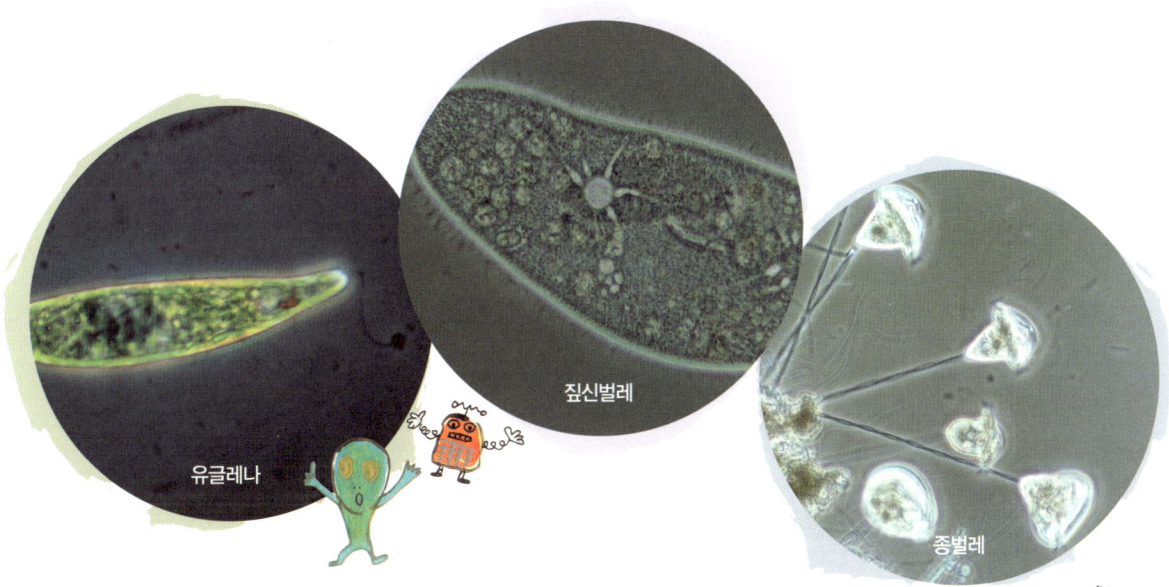

유글레나 · 짚신벌레 · 종벌레

단세포 생물은 대부분 다른 고등 생물에 기생하여 살아가며 자신을 두 개로 분열시키는 이분법을 통해 번식한다. 그리고 비록 단세포지만, 일부 단세포 생물은 형태가 매우 다양하고 크기도 0.1mm 이상 되는 것도 있다. 어떤 것은 광합성을 하기도 한다.

단세포 생물을 제외한 나머지 대부분의 동물과 식물은 모두 다세포 생물에 속한다. 다세포 생물이란 말 그대로 여러 개의 세포로 이루어진 생물을 말하며 단세포 생물과 달리 생식 세포를 통해 번식한다.

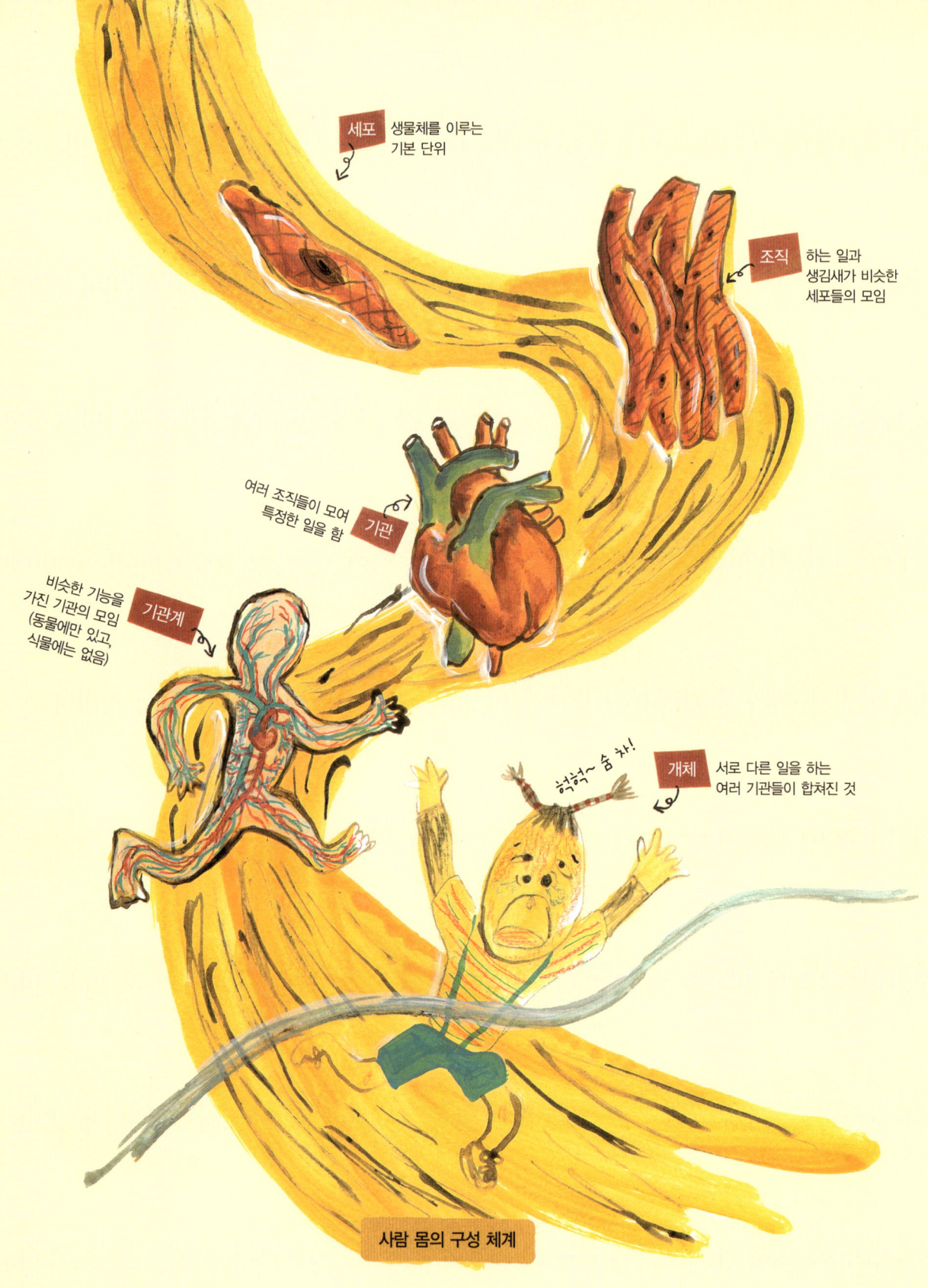

하나의 세포가 사람이 되기까지

사람은 어떻게 구성되어 있는 것일까? 심장을 구성하는 세포를 주인공으로 하여 거꾸로 추적해 살펴보자.

사람에게는 심장이라는 순환 기관이 있다. 그런데 심장은 여러 종류의 세포 조직들로 이루어져 있고, 심장 점막의 한 부분을 관찰해 보면 동일한 모양의 세포들(하나의 세포 조직임)로 이루어져 있음을 알 수 있다. 따라서 이런 과정을 그려 볼 수 있다.

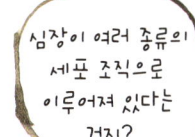

순환 기관

심장, 혈관, 혈액 등이 순환 기관에 해당한다. 혈액이 온몸을 돌며 세포에 산소와 영양소를 공급하고, 세포에서 이산화탄소와 찌꺼기를 받아 배설 기관에 전달한다.

사람 → 순환 기관 → 심장 → 점막 세포 → 세포

다시 세포부터 정리해 보면, 동일한 기능과 모양을 가진 세포가 모여 세포끼리의 집합체인 세포 조직을 만든다. 그리고 서로 다른 여러 개의 세포 조직이 모여서 심장이라는 순환 기관을 만든다. 이렇게 만들어진 서로 다른 기관들이 체계적인 형태로 모여서 결국 사람이라는 생물체가 완성되는 것이다.

한 가지 덧붙여 알아야 할 것은 인체를 이루는 모든 조직들이 오직 세포로만 이루어져 있는 것은 아니라는 사실이다. 세포와 세포 사이의 물질 및 체액도 인체를 이루는 요소이다.

식물에서만 볼 수 있는 그들만의 조직계

동물이 세포 → 조직 → 기관 → 동물로 구성되어 있는 것처럼, 식물도 동물과 거의 비슷하게 구성되어 있다.

50쪽의 '식물의 구성 체계'에서 보는 것처럼 식물은 비슷한 모양과 기능을 가진 세포들이 모여 조직을 만들고, 이 조직과 또 다른 여러 조직(물관, 체관 등)들이 모여 잎이라는 기관을 만든다.

식물은 꽃, 줄기, 잎, 뿌리의 4가지 기관으로 이루어져 있다. 이 중에

식물의 구성 체계

서 잎을 살펴보면, 제일 바깥 부분을 이루는 표피와 공변 세포, 물과 양분이 지나가는 통로인 잎맥, 울타리 모양으로 세포들이 빽빽하게 배열되어 있는 책상 조직, 세포들이 엉성하게 모여 있는 해면 조직 등으로 구성되어 있다.

식물의 주요 기관

- 영양 기관 : 영양 활동에 관계되는 부분. 뿌리, 줄기, 잎 등.
- 생식 기관 : 번식에 관계되는 부분. 꽃, 열매 등.

식물에서는 비슷한 기능을 가진 여러 조직들이 모여 더 큰 모임을 만드는데 이것이 바로 동물에서는 볼 수 없는 조직계가 된다.

내부를 보호하고 체내를 드나드는 물질들을 조절하는 조직들은 표피 조직계, 물과 양분이 지나가는 통로가 되고 식물체를 지지해 주는 역할을 하는 조직들은 관다발 조직계, 광합성과 물질 저장 등의 활동을 하는 조직들은 기본 조직계를 구성한다. 그리고 이 조직계들이 모여 잎을 이룬다.

그러나 식물에는 동물과 달리 신경 세포나 신경 조직이 없다. 왜 그럴까?

식물 세포에서는 엽록체가 광합성을 한다. 즉, 햇빛만 비치는 곳이라면 한 곳에 가만히 있어도 충분히 양분을 얻으며 살아갈 수 있는 것이다.

그러나 동물은 계속 음식물을 먹어야 살 수 있기 때문에 식물처럼 한 곳에 가만히 있을 수가 없다. 먹고 살기 위해 이리 뛰고 저리 뛰어야 한다. 따라서 근육이 발달하고 신경도 많이 써야 하므로 신경 조직도 발달했다. 신경 조직은 세포들 사이의 연락망 역할을 한다.

그러나 식물은 가만히 있어도 먹고 살 수 있으므로 식물에게는 신경 조직이 없다.

곤충에게도 폐가 있을까?

　어떤 생물학자가 개미를 연구하고 있었다. 그런데 그는 연구 도중 실수로 몸집이 개만한 크기의 돌연변이 개미를 만들고 말았다. 그런데 이 거대한 개미들은 놀라운 번식력으로 그 수가 걷잡을 수 없이 증식되어 갔다. 게다가 이 돌연변이 개미들은 특히 단것을 좋아하여 단것이 있는 곳이라면 어디든지 공격하여 인간 세상을 혼란에 빠뜨렸다. '아니, 이게 무슨 이야기야!'라고 생각되는 사람은 놀랄 필요가 없다. 위의 내용은 공상 과학 영화에서 본 것을 소개한 것이니까.

　그런데 영화에서처럼 개만한 크기의 개미는 물론 어떤 곤충도 실제로는 만들어질 수가 없다. 곤충의 호흡기 구조 때문에 그런 일은 절대 일어날 수 없다.

　그리고 곤충의 몸이 무한히 커질 수 없는 이유 중 또 하나로 외골격의 구조를 들 수 있다. 곤충의 몸이 커지면 무게가 급격히 증가하고 일정 크기 이상이 되면 몸을 지탱하는 외골격이 부서져 버리는 만큼 외골격의 두께가 훨씬 두터워져야 하기 때문이다.

　곤충들을 자세히 관찰해 보자. 곤충은 폐가 없다. 대신 몸을 관통하는 '기관'이라는 것이 있어 몸이 직접 공기를 받아들여 호흡을 한다. 그런데 만약 곤충의

몸집이 개만큼 커지게 되면, 이러한 호흡기 구조로는 필요한 산소의 양을 도저히 섭취할 수 없게 된다. 이러한 이유로 대부분의 곤충들은 몸집이 아주 작다. 즉, 이것을 거꾸로 생각하면 몸집이 작기 때문에 이런 호흡 기관을 가지고 있는 것이다. 그럼 덩치가 큰 동물은 왜 폐가 있는 걸까? 그 이유는 당연히 폐가 있어야 그 덩치에 적당한 양의 산소를 섭취할 수 있기 때문이다.

영양소 05

관련 교과

중학교 | 과학
8. 소화와 순환 / 소화

고등학교 생물 Ⅰ
2. 영양소와 소화 / 영양소

우리 몸은 영양 덩어리

사람의 몸은 마치 체계적으로 만들어진 컴퓨터와 같다. 컴퓨터는 정해진 시스템대로 움직이면 아무 문제 없이 잘 돌아간다. 그러다 어느 날 이상한 바이러스가 들어오면 컴퓨터는 병에 걸리기 시작한다.

우리 몸도 마찬가지다. 정해진 시스템대로 움직이면 아무 문제 없이 잘 돌아갈 것이다. 이런 사람을 우리는 '건강하다'라고 말한다. 그런데 이 시스템을 무너뜨리는 뭔가가 들어온다면 건강에 적신호가 켜질 것이다.

그럼 우리 몸의 시스템은 어떻게 구성되어 있을까?

사람의 몸은 물과 지방, 단백질, 탄수화물, 무기 염류 등이 각각 일정한 비율을 차지하는 시스템으로 구성되어 있다. 그런데 우리 몸은 항상 이 시스템을 유지하는 게 아니다. 끊임없이 음식물을 통해 이 물질들을 섭취해야만 시스템이 유지된다.

탄수화물, 지방, 단백질, 무기 염류, 비타민, 물 등을 영양소라고 하며, 이들은 음식물을 통해서 섭취할 수 있다. 이 영양소들은 에너지를 발생시키고 우리 몸을 구성하고, 몸의 기능을 조절하는 역할을 한다.

영양소
음식물 속에 들어 있는 에너지원이나 몸의 구성 성분이 되는 물질.

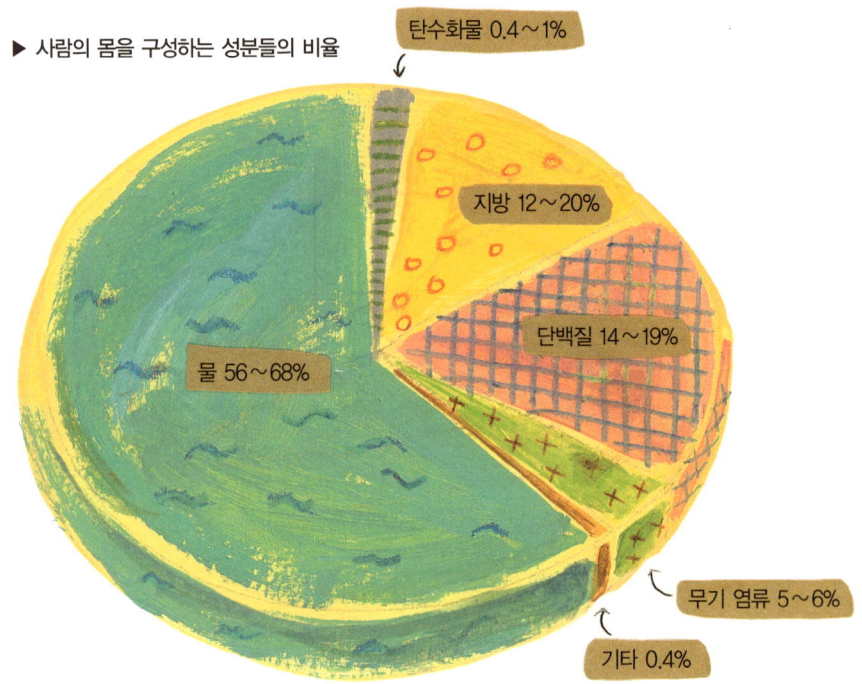

▶ 사람의 몸을 구성하는 성분들의 비율

- 탄수화물 0.4~1%
- 지방 12~20%
- 단백질 14~19%
- 무기 염류 5~6%
- 기타 0.4%
- 물 56~68%

에너지를 팍팍 주는 3대 영양소

우리가 살아가기 위해서는 끊임없이 음식물을 통해 영양소를 섭취해야 한다. 그 이유로는 두 가지가 있다. 하나는 앞의 시스템대로 영양소가 우리 몸을 구성하는 필수 성분이기 때문이다. 그리고 또 하나는 우리가 움직이기 위해서는 에너지가 필요한데, 이 영양소들이 에너지원 역할을 하기 때문이다.

그런데 위의 영양소 중 에너지원 역할까지 하는 것은 단백질, 지방, 탄수화물 세 가지뿐이다. 그래서 많은 영양소 중에서도 이들 세 가지를 3대 영양소라고 한다.

영양소의 종류

식품을 섭취해서 얻을 수 있는 영양소는 크게 여섯 가지인데 이 중에서 에너지원으로 이용되는 탄수화물, 단백질, 지방을 주영양소라고 하고 에너지원은 아니지만 인체의 생리 기능 조절에 필요한 무기 염류, 비타민, 물을 부영양소라고 한다.

| 에너지로 쉽게 바뀌는 탄수화물 |

탄수화물은 주로 쌀, 감자, 고구마, 빵, 과자 등에 들어 있는 영양소이다. 에너지를 내는 데 쓰이는 대표적인 영양소로, 탄수화물 1g당 약 4kcal의 에너지를 만들어 낼 수 있다.

탄수화물은 다른 영양소에 비해 에너지로 바뀌는 것이 매우 쉽기 때문에, 짧은 시간 동안 많은 힘을 써야 하는 역도나 100미터 달리기 등에서 그야말로 최대의 진가를 발휘한다.

특히, 머리를 쓰는 데 필요한 에너지로 탄수화물이 사용되기 때문에 공부하는 아이들에게도 필수적인 영양소인 셈이다.

탄수화물이 많이 들어 있는 식품

필수 아미노산

사람은 몸 안에서 탄수화물이나 아미노산을 재료로 하여 몸에 필요한 다른 아미노산을 합성할 수 있다. 그러나 합성할 수 없는 것도 있는데, 이러한 아미노산을 필수 아미노산이라고 한다.

학자들은 하루 섭취량의 65% 정도를 탄수화물로 섭취하는 것이 바람직하다고 한다. 그러나 우리나라 사람들은 70~75% 정도를 탄수화물로 섭취하고 있다고 하니 이 부분은 개선해야 할 것이다.

| 근육을 만드는 데 사용되는 단백질 |

보디빌딩을 하는 사람들은 단백질 섭취를 아주 중요하게 생각한다. 왜냐하면 단백질이 근육을 만드는 데 사용되기 때문이다.

단백질은 주로 근육, 머리카락, 손톱, 발톱, 피부 조직과 뼈를 만드는 데 사용된다. 그래서 근육을 키워야 하는 보디빌더들에게 단백질은 아주 중요한 영양소다.

그렇다고 단백질이 몸을 만드는 데만 사용되는 것은 아니다. 때로는 에너지원으로 사용되기도 한다. 하지만 다른 에너지원에 비해 사용되는 비율이 현저히 낮다.

단백질을 분해하면 아미노산이 된다. 사실 우리 인체 내에서는 단백질의 형태로 흡수되는 것이 아니라 아미노산의 형태로 흡수된다. 이렇게 아미노산의 형태로 흡수되었다가 다시 단백질로 합성되어 우리 몸에 작용한다. 단백질이 많이 들어 있는 음식으로는 쇠고기, 생선, 달걀, 두부, 콩 등이 있다.

단백질이 많이 들어 있는 식품

열량을 많이 내는 지방

지방은 1g당 약 9kcal의 열량을 내는 영양소로, 에너지 함량이 탄수화물이나 단백질보다 두 배나 많아 아주 효율적인 에너지원이다.

지방은 적은 양으로 많은 에너지를 낼 수 있기 때문에 소모되는 양은 적고, 그 대신 피하에 쌓이는 양은 많다. 3대 영양소의 하나인 만큼 적당량의 지방은 우리 몸에 꼭 필요하다. 하지만 지나치게 많이 먹으면 비만이나 동맥 경화, 심장병과 같은 위험한 병에 걸릴 수 있다.

지방은 체온을 조절하는 데도 쓰이고 세포막을 만드는 데도 사용된다. 우리 주변에서 지방이 많이 들어 있는 음식으로는 돼지고기, 버터, 땅콩 등이 있다.

지방이 많이 들어 있는 식품

부족하면 꼭 탈을 일으키는 부영양소

사실 현대 사회에서는 탄수화물, 지방, 단백질 등의 3대 영양소보다 나머지 영양소들의 역할이 더 중요하게 되었다. 먹을 것이 풍부해져서 3대 영양소는 오히려 과잉 섭취를 걱정하기도 한다.

지방의 열량

탄수화물과 단백질의 경우 g당 4kcal의 열량을 내며, 지방의 경우 g당 9kcal의 열량을 낸다.

체지방

몸속에 있는 지방의 양을 말하는 것으로, 섭취한 영양분 중 쓰고 남은 영양분을 몸 안에 축적해 놓은 에너지 저장고이다. 필요할 때는 분해되어 에너지를 만든다.

피하 지방

근육과 피부 사이에 있는 지방으로 남성보다 여성이 많은 편이다.

무기 염류

몸의 구성 성분이 되거나 생리 기능을 조절하는 영양소로, 칼슘, 철, 인, 나트륨, 요오드 등이 있다.

무기 염류의 작용

종류	작용
철	헤모글로빈의 성분
칼슘	뼈나 이의 성분, 혈액 응고
나트륨	삼투압 조절, 체액의 성분
요오드	호르몬 구성

반면, 먹기 편하다는 이유로 가공 식품을 많이 먹는 현대인에게는 무기 염류와 비타민이 절대 부족한 경우가 많다. 따라서 현대인은 3대 영양소보다 나머지 무기 염류와 비타민에 더 관심을 가져야 한다.

무기 염류와 비타민은 우리 몸의 여러 가지 기능이 정상적으로 돌아가는 데 반드시 필요한 물질이다. 또한, 인체 구성 성분의 일부이기도 하다. 만약 이것이 부족하면 우리 몸은 즉각 결핍 증세를 나타낸다. 예를 들어 철분이 부족하면 빈혈을 일으키고, 칼슘이 부족하면 뼈가 약해진다. 따라서 우리는 무기 염류와 비타민을 섭취하는 데 많은 신경을 써야 한다.

우리 주변에서 이러한 영양소가 많이 들어 있는 음식은 과일과 채소이다. 그리고 밥도 쌀밥보다는 잡곡밥에 많이 들어 있다.

그러나 비타민과 무기 염류는 종류가 많아 모든 것을 골고루 먹는다는 것이 쉽지 않다. 그래서 현대인들은 건강 식품을 통해 섭취하기도 한다.

▶ 비타민의 종류와 결핍증

종류	결핍증	증상	많이 포함된 식품
비타민 A	야맹증	밤에 앞이 잘 보이지 않는 증상	우유, 치즈, 녹황색 채소
비타민 B_1	각기병	다리가 부어오르며, 부어오른 살을 손가락으로 누르면 그 살이 다시 나오지 않는 증상	현미, 보리, 돼지고기
비타민 C	괴혈병	뼈와 치아가 약해지고 잇몸에 염증이나 출혈이 생김	신선한 채소와 과일
비타민 D	구루병	뼈나 근육이 비정상적으로 성장하는 병	달걀 노른자, 우유, 버터

레몬이 구한 괴혈병

1700년대, 영국은 막강한 해군을 자랑했다. 해군력을 바탕으로 대영 제국은 세계로 뻗어 갔다. 하지만 영국 해군에겐 커다란 문제가 있었다. 오랜 시간을 배 위에서 보내는 해군 병사들이 괴혈병으로 목숨을 잃어 가고 있었던 것이다.

1747년 영국 해군의 의사였던 제임스 린드는 한 섬에서 괴혈병 임상 실험을 했다. 린드는 12명의 괴혈병 환자를 2명씩 한 조로 묶어 6개 그룹으로 나눈 후 각각 다른 물질들을 투여했다. 그런데 그중에 오렌지와 레몬을 투여한 환자들에게서 괴혈병이 낫는 것을 발견하였다.

린드는 이를 영국 해군에 보고했고, 〈괴혈병에 관한 논문〉을 통해 '오렌지와 레몬이 괴혈병을 치유할 수 있다'라고 세상에 알렸다. 하지만 당시 의학계의 반응은 냉담했다. 숱한 명약들이 괴혈병을 치료하지 못하는데 어떻게 오렌지와 레몬 같은 과일이 그 무서운 괴혈병을 치료할 수 있느냐는 태도였다. 수많은 병사들이 치료법을 눈앞에 두고도 괴혈병으로 함대 위에서 숨져 갔으며, 영국의 의학계는 치료법을 찾지 못한 채 괴혈병을 난치병으로 분류해 버렸다.

1781년 길버트 블레인이라는 영국 해군 군의관이 '괴혈병은 채소와 과일, 특히 오렌지나 레몬, 라임 같은 과일들로 확실하게 예방될 수 있고 완치될 수 있다'라고 주장했다. 묻혀 버렸던 제임스 린드의 괴혈병 치료법은 이렇게 길버트 블레인을 만나면서 다시 빛을 보게 되었다. 1795년, 드디어 영국 해군의 함대 병사들에게 레몬 주스가 공급되었다.

오렌지

트랜스 지방의 모든 것

왜 트랜스 지방이 나쁘다고 하는 걸까?

트랜스 지방은 정상적인 지방의 모양이 변형된 것이다. 모양이 좀 변했다고 무슨 큰일일까 생각하겠지만 문제가 그리 간단하지 않다.

이렇게 변형된 지방은 자기 역할을 할 수 없게 된다. 원래 정상적인 지방은 세포막을 만드는 중요한 역할을 하고 있다. 그런데 세포막을 만드는 데 변형된 지방이 사용된다면 아주 큰 문제가 발생한다.

세포에는 온갖 종류의 세포가 있다. 그 세포 중 면역 세포를 만드는 데 트랜스 지방이 사용된다면 면역력이 급격히 약해질 것이다. 또 혈관 세포를 만드는 데 사용된다면 혈관이 막히거나 터져 버릴 수도 있을 것이다. 극단적으로 뇌세포를 만드는 데 사용된다면, 이건 상상하고 싶지도 않다.

트랜스 지방 때문에 이렇게 무서운 일이 발생할 수 있기에 요즘 사람들이 난리 법석(?)을 떠는 것이다.

그럼 어떻게 해야 이런 재앙(?)을 피해 갈 수 있을까? 간단하다. 트랜스 지방을 먹지 않으면 된다. 트랜스 지방은 다음과 같은 경우에 생길 수 있으니 이런 음식을 주의해야 한다.

첫째, 한번 가열된 식용유에 음식을 다시 볶고 튀기면 트랜스 지방이 생긴다. 따라서 기름을 여러 번 사용하는 각종 튀김, 치킨, 도넛 등의 음식에는 트랜스 지방이 있다고 보면 된다.

둘째, 경화유(마가린, 쇼트닝)에 트랜스 지방이 들어 있다. 요즘 과자를 만들 때 대부분 이 기름을 사용하기 때문에 문제가 되고 있다.

셋째, 트랜스 지방은 튀긴 음식을 장기간 보관할 때도 생긴다.

이상에서 살펴본 바로는 인스턴트 식품만 먹지 않는다고 트랜스 지방 문제가 해결되는 것이 아니라는 사실을 알 수 있다. 우리 가정에서도 얼마든지 트랜스 지방에 노출될 수 있는 것이다. 가장 좋은 방법은 튀긴 음식을 즐겨 먹지 않는 것이다.

소화와 흡수 06

소화되는 소리가 들려.

중학교1 과학
8. 소화와 순환 / 소화

고등학교 생물 I
2. 영양소와 소화 / 소화와 흡수

관련 교과

소화

음식물을 통해 섭취한 영양소를 몸속에서 흡수할 수 있는 상태로 잘게 분해하는 과정.

소장

위와 대장 사이에 있는 소화관으로, 길이가 7m나 되어 우리 몸에서 가장 긴 기관이다.

우리가 먹은 음식들은 어떻게 될까

우리가 음식을 먹으면 그 음식의 영양소는 100% 우리 몸속으로 흡수되는 걸까?

아마 대부분의 사람들이 그건 당연한 것 아니냐고 생각할 것이다. 그러나 영양학자인 토니 스티어는 "우리가 먹는 모든 것을 흡수할 수 있다는 생각은 사실이 아니다. 오히려 실질적으로 흡수되는 것은 적다"라고 말해서 충격을 던졌다.

사실 우리는 먹는 것에만 관심을 가졌지, 먹은 것이 우리 몸속에서 어떻게 흡수되는지에 대해서는 별 관심이 없었다. 우리 몸속으로 들어간 영양소들은 도대체 어떻게 흡수되는 걸까? 먼저 이것을 아는 것이 영양소의 흡수에 대한 의문을 푸는 첫출발이 될 것이다.

우리가 입으로 먹은 음식물은 위 → 소장 → 대장을 거친다. 이 중 대부분의 영양소들은 소장에서 흡수된다.

그런데 음식물이 흡수되기 위해서는 소화라는 과정을 거쳐야 한다. 즉, 음식물 그 자체로는 흡수될 수 없으므로, 작은 알갱이로 분해해야만 한다.

실제로 우리 몸속에서 영양소들이 어떻게 흡수되는지 그 비밀을 구체적으로 풀어 보자.

융털의 전자 현미경 사진

소화가 되려면 작아져야 한다

음식물 속의 영양소가 우리 몸속에 흡수되기 위해서는 잘게 쪼개져야 한다. 이것은 영양분이 흡수되는 과정을 보면 쉽게 이해할 수 있다.

대부분의 영양소는 소장에서 흡수된다. 소장에는 주름이 많이 있으며,

주름의 표면에는 작은 융털이 수없이 돋아나 있다. 영양소는 바로 이 융털 세포의 막을 통과해서 흡수된다. 그런데 세포막의 구멍은 아주 작아서 큰 물질은 통과하지 못한다.

앞에서 알아본 영양소들은 모두 덩치가 큰 물질들이다. 따라서 이 구멍을 통과할 수 있을 만한 작은 크기로 쪼개져야만 통과할 수 있다. 일단 덩치가 큰 탄수화물, 지방, 단백질 등은 다음과 같이 쪼개진 상태로 세포막을 통과하여 흡수된다.

십이지장

위와 연결된 소장의 앞부분이다. 위에서 잘게 분해된 음식물이 잘 내려가도록 도와준다. 십이지장은 손가락 12개를 옆으로 늘어놓은 길이 정도 된다고 해서 붙여진 이름이다. 실제 길이는 25~30cm 가량이다.

- 탄수화물(설탕, 녹말 등의 다당류) → 포도당, 과당(단당류)
- 지방 → 지방산과 글리세롤
- 단백질 → 아미노산
- 무기 염류와 비타민(수용성과 지용성 비타민) → 이들은 덩치가 작아 쪼개질 필요가 없다.

이렇게 분해가 된 상태로 흡수된 영양소들의 운명은 어떻게 될까? 융털 안쪽에는 그림에서 보는 것처럼 모세혈관과 암죽관(림프관)이 있다.

분해가 된 영양소 가운데 수용성인(물에 잘 녹는) 포도당, 과당, 아미

▶ 소장의 내부와 융털의 구조

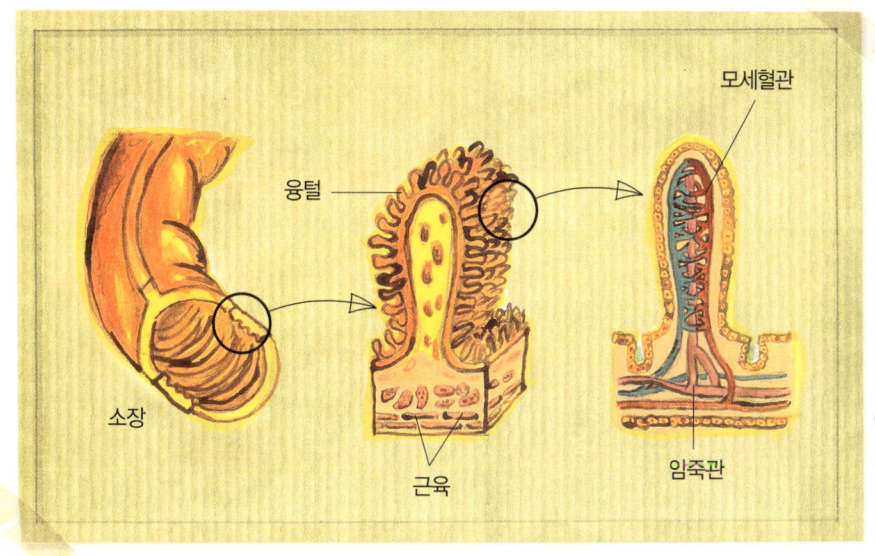

수용성/지용성 비타민

수용성 비타민에는 비타민B_1, 비타민B_2, 비타민B_{12}, 비타민C, 니아신이 있고 지용성 비타민에는 비타민A, 비타민D, 비타민E, 비타민K가 있다.

노산, 수용성 비타민, 무기 염류, 물 등은 모세혈관을 따라 이동하여 간, 심장을 거쳐 온몸으로 퍼져 나간다. 그리고 지용성인(기름에 잘 녹는) 지방산과 글리세롤, 지용성 비타민 등은 암죽관을 따라 이동하여 간을 거치지 않고 곧바로 심장을 거쳐 온몸으로 퍼져 나간다.

그런데 왜 누구는 간을 거치고 누구는 간을 거치지 않는 걸까? 이것은 쓰고 남은 영양소의 일부를 저장해야 하는데, 서로 저장하는 공간이 다르기 때문이다.

우선 수용성 영양소는 일부가 간에 저장된다. 반면 지방(지용성)은 일부를 간에 저장하지 않고 피하 지방층에 저장한다. 그래서 지방을 많이 섭취하면 피하 지방층에 자꾸 저장되므로 살이 찌는 것이다.

흡수되지 않는 게 있다

흡수 과정을 거쳐 온몸으로 퍼져 나간 영양소들은 몸의 일부를 구성하는 데에도 쓰이고 우리가 힘을 쓰는 데 필요한 에너지원으로도 쓰인다.

그런데 알아야 할 것은 우리가 먹은 음식이 100% 소화·흡수되어 사용되는 게 아니라는 사실이다.

일반적으로 우리가 먹은 음식의 성분 중에는 대변이나 소변으로 나오는 것들이 있는데, 이것으로도 100% 소화·흡수되지 않는다는 사실을 알 수 있다.

음식이 소화·흡수되는 정도는 여러 가지 요인에 따라 달라지는데 주로 음식의 종류, 음식끼리의 배합 비율, 조리법, 섭취하는 양 등에 따라 달라지기도 하며, 음식을 먹는 사람의 건강 상태에 따라 달라지기도 한다.

건강한 사람이 흡수율이 높은 음식을 먹는다면 흡수되는 정도는 최고가 될 것이다.

그럼 영양소별로 흡수되는 정도에도 차이가 있을까? 물론이다. 일반적으로 탄수화물(당류)·동물성 단백질·식물성 단백질의 순서다. 역시 예상한 대로 당류의 흡수율이 최고로 높다. 그래서 단것을 많이 먹으면 살이 찌는 것이다. 흡수율이 높으니 당연히 그럴 수밖에!

그런데 앞에서 흡수율에 영향을 주는 것으로 음식끼리의 배합 비율을 들었다. 이것은 우리 부모님들이 음식을 골고루 먹으라고 하는 말과 직접적인 관련이 있다. 예를 들면, 칼슘은 비타민 D가 있어야 흡수될 수 있다. 만약 비타민 D를 섭취하지 않은 상태에서 칼슘만 먹을 경우 많은 양이 흡수되지 않고 그냥 몸 밖으로 나와(?) 버릴 확률이 높다.

대부분의 영양소는 혼자 흡수되는 것이 아니라 다른 것들의 도움을 받으면서 흡수된다.

물

물은 체내 영양소와 노폐물을 운반하고, 체온을 유지하는 데 도움을 준다. 에너지를 내거나 몸에 영양을 공급하는 데 기여하지는 않지만 생명 유지에 필수적인 역할을 한다.

알아 두면 좋은 영양소에 관한 진실

철분이 부족하면 빈혈에 걸린다는 사실은 대부분의 사람들이 상식적으로 알고 있다. 그런데 우리가 착각하는 것은 무조건 철분이 많이 든 음식만 먹으면 될 거라는 생각이다.

빈혈

혈액 속의 적혈구의 양이나 수가 감소한 상태. 철분이나 비타민의 결핍, 또는 조혈 기관의 질환 등 여러 원인에 의해 나타난다. 안색이 나빠지고 두통·이명·현기증·권태 따위의 증상을 보인다.

리코펜

붉은 토마토와 열대 과일 구아바, 수박 등에는 '리코펜'이라는 붉은 색소가 들어 있다. 이 색소는 '베타카로틴'과 마찬가지로 항암 작용을 하는 물질이다.

쇠고기에 들어 있는 철분은 우리 몸에 쉽게 흡수될 수 있지만 시금치에 들어 있는 철분은 복합 형태로 되어 있어 우리 몸에 흡수되는 게 간단하지만은 않다. 즉, 시금치만 열심히 먹었을 경우 흡수되지 않고 빠져 나오는 철분이 많다는 이야기다.

그런데 시금치를 먹은 후 오렌지 주스를 한 잔 마시면 이야기가 달라진다. 오렌지 주스에 들어 있는 비타민 C가 복합 형태의 철분을 흡수되기 쉬운 단순 형태의 철분으로 바꿔 주기 때문이다.

또한, 이와 반대되는 경우가 있다. 시금치를 열심히 먹어 놓고 커피를 한 잔 마셔 버리면 철분의 흡수는 크게 기대하지 않는 게 좋다. 왜냐하면 커피에 철분의 흡수를 방해하는 성분이 들어 있기 때문이다.

이처럼 우리는 어떤 음식을 섞어 먹는가에 따라 우리 몸에 흡수되는 영양 정도가 완전히 달라진다는 사실을 모른 채 생활하는 경우가 너무 많다.

또 한 가지는 토마토에 관한 것인데, 토마토를 그냥 날것으로 먹는 것과 기름에 볶아 먹는 것 중 어느 것이 더 우리 몸에 좋을까?

아마 대부분의 사람들은 날것으로 먹어야 영양소가 파괴되지 않을 것이므로 더 좋다고 생각할 것이다. 그러나 정답은 기름에 볶아 먹는 것이다.

토마토에서 중요한 성분은 리코펜이라는 영양소인데 이것은 항암 효과뿐 아니라 성인병 예방 등 우리 인체에 아주 유용한 성분임이 밝혀졌다. 그런데 리코펜은 물에는 잘 녹지 않고 기름에 잘 녹으며, 기름에 볶을 경우 흡수되기 쉬운 구조로 변한다. 그러니 이제부터 토마토를 그냥 날것으로 먹는 것보다 요리에 넣어서 먹어 보면 어떨까?

리코펜이 들어 있는 토마토 스파게티

소화 과정을 연구한 과학자들

    소화 기관에서 영양소가 소화되는 과정을 알게 되기까지는 여러 과학자들의 숨은 노력이 있었다.

    18세기에 이탈리아의 과학자 스팔란차니는 음식물의 소화 과정을 알아내기 위해 천 주머니에 음식물을 꽁꽁 싸서 삼킨 뒤 23시간 후 몸 밖으로 '배설된' 천 주머니를 헤집어 남아 있는 음식 맛이 위액 때문에 달라졌나 보려고 다시 먹곤 했다.

    또한 미국 독립 전쟁 당시 군의관이었던 보몬트는 전쟁터에서 부상병들을 치료하였는데, 특히 위장 근처에 총을 맞은 부상병들을 치료하면서 위에 대한 연구를 깊게 할 수 있었다. 그가 치료했던 병사 중에는 총을 맞아 배에 구멍이 뚫렸는데도 살아난 사람이 있었다. 보몬트는 그 병사를 치료하면서 음식물이 위 안에서 소화된다는 사실을 확인할 수 있었다.

    보몬트는 그 병사의 위에서 위액을 채취하여 쇠고기, 감자, 채소 등과 섞은 후 각각에서 나타나는 반응을 살폈다. 쇠고기는 두 시간쯤 지나자 매우 연한 조각으로 떨어져 나갔으며, 10시간 후에는 거의 소화되었다. 그러나 감자는 큰 변화가 없었고, 채소는 흐물거리는 상태는 되어도 완전히 소화되지는 않았다. 이 실험으로 위액 속에는 단백질을 분해하는 소화 효소가 있음을 알게 되었다.

키가 크고 싶다면

　세상에 키 크고 싶지 않은 사람이 있을까? 현대인들은 누구나 키 큰 사람이 되고 싶어 한다. 그런데 이런 사실을 옛날 사람들이 보면 뭐라고 할까? 아마 이해를 못할 것이다. 옛날에 비하면 현대인들의 키는 엄청나게 커졌기 때문이다.

　우리나라도 불과 50년 전에 비하면 사람들의 키가 얼마나 많이 커졌는가? 그럼에도 불구하고 사람들은 더 크고 싶어 한다. 그것은 시대가 요구하는 사항이기 때문에 어쩔 수 없는 것 같다. 그래서 여기에 키 크는 비법을 소개하겠다.

　왜 현대인들의 키는 급속도로 커졌을까? 그 원인을 정확하게 파악하기는 어렵지만 과거와 현재의 생활 환경을 비교함으로써 간접적으로 알아낼 수는 있을 것이다.

　사람이 키가 크기 위해서는 수면, 영양, 운동, 바른 자세 등 4가지 조건이 필요하다. 이 조건이 갖춰질 때 성장 호르몬이 가장 잘 분비되어 키가 큰다. 그런데 과거와 현재를 비교해 볼 때 크게 차이 나는 것은 영양 외에는 눈에 띄는 게 없는 것 같다. 다시 말하면, 위의 조건 중 영양이 키 크는 데 가장 기본적이고 중요한 역할을 한다는 뜻이다.

　키 크는 데 도움이 되는 음식은 콩·고기·우유·채소·식물성 기름 등이며,

인스턴트 식품은 좋지 않다. 특히, 성장기에는 단백질을 평상시보다 3배 정도 더 섭취해야 한다. 영양분이 충분히 공급되는 상황에서 바른 자세를 가지고 열심히 운동하고 잘 잔다면 우리 키는 최상으로 클 것이다.

바른 자세란 항상 긍정적으로 생각하는 정신 자세와 허리를 곧게 펴고 다니는 신체의 자세를 말한다. 학자들의 연구에 의하면 사람은 잠잘 때와 운동할 때 성장 호르몬이 가장 많이 분비된다고 한다. 또한, 잠잘 때와 누워서 쉴 때 뼈의 90% 이상이 성장한다고도 한다. 즉, 성장을 위해 규칙적인 운동과 충분한 수면은 필수라는 이야기다.

키 크는 데 좋은 운동은 줄넘기·농구·배구·단거리 달리기·배드민턴·자전거 타기·수영 등이다. 또한, 성장 호르몬은 잠이 들고 난 지 한 시간 이후부터 네 시간 동안 가장 많이 분비되며, 평균 밤 10시에서 오전 2시 사이에 가장 많이 분비된다고 한다.

호흡 기관 07

너희들은 들어오면 안 돼.

중학교1 과학
9. 호흡과 배설 / 호흡
고등학교 생물 I
4. 호흡과 배설 / 호흡 기관과 호흡 운동

관련교과

숨을 쉴 수 있게 해 주는 호흡 기관

사람은 밥을 먹지 않고도 한 달 이상은 살 수 있다고 한다. 단, 이 경우 물은 계속 마시고 있어야 한다.

그럼 물까지 먹지 않고는 얼마나 살 수 있을까? 사람이 물까지 먹지 않는다면 며칠밖에 살지 못한다고 한다.

만약 사람이 숨을 쉬지 못한다면 얼마나 살 수 있을까? 길어야 단 몇 분도 버티지 못한다. 의심이 가는 친구가 있다면 목욕탕에 갔을 때 물속에서 얼마나 버틸 수 있는지 직접 시험해 보기 바란다.

이처럼 사람이 숨을 쉰다는 것은 아주 중요한 사실이다. 다만, 우리들이 느끼지 못할 뿐이다. 그런데 우리는 어떻게 숨을 쉴 수 있는 걸까?

그냥 가만히 있어도 숨을 쉴 수 있으니 이런 의문이 생길 리가 없겠지만, 갑자기 숨이 탁 막히는 곳에 가 본 경험이 있는 사람이라면 숨 쉬는 것의 소중함을 뼈저리게 느낄 것이다.

호흡

생물이 산소를 들이마시고 이산화탄소를 내보내는 일로, 호흡을 통해 살아가는 데 필요한 에너지를 얻는다. 사람은 호흡할 때마다 약 0.5L의 공기가 코, 기관 및 기관지를 통해 폐로 들어간다. 만약 폐를 최대로 채운다면 약 4L의 공기가 한 번에 들어갈 수 있다.

우리가 이렇게 편안하게 숨을 쉴 수 있는 것은 호흡할 수 있는 기관들이 있기 때문이다. 이들을 호흡 기관이라고 하는데, 코, 기관지, 폐 등을 말한다.

코딱지의 정체

우리는 보통 '코' 하면 냄새 맡는 기능을 생각한다. 그러나 코는 냄새를 맡는 것뿐만 아니라 숨을 쉴 때에도 중요하게 사용된다.

콧속으로 들어간 공기가 처음 만나는 것은 코털과 끈끈한 점액이다. 우리가 숨을 쉴 때 콧속으로 들어오는 공기에는 깨끗한 것들만 있는 것이 아니라, 먼지, 세균 등과 같은 불순한 것들도 있다. 이것들이 우리 몸속으로 들어가면 큰일 날 수도 있으므로, 코털과 점액이 미리 걸러내는 작용을 한다.

그러면 우리가 평소에 잘 후비는 코딱지는 무엇일까? 끈끈한 점액에 먼지와 세균들이 달라붙은 게 바로 이 코딱지다! 이럴 수가! 이제 코딱지의 정체(?)를 알았으니 앞으로 알아서 잘 처리하자.

비강

코와 기관을 이어 주는 곳으로 코 안쪽의 넓은 공간을 말한다.

코로 들어온 공기는 기관으로

음식을 먹을 때 먹은 게 잘못 들어간 느낌이 들면서 기침을 크게 할 때가 있다. 이것을 사레 걸렸다고 말한다. 음식물이 식도로 넘어가야 하는데, 잘못하여 그 옆의 기관으로 넘어갔을 때 볼 수 있는 현상이다.

기관은 우리가 숨을 쉴 때 공기가 지나가는 길이다. 즉, 식도가 음식물이 지나가는 길이라면 기관은 공기가 지나가는 길인 셈이다. 우리 몸은 이 규칙을 반드시 지켜야 한다. 따라서 코를 지나온 공기는 당연히 기관으로 지나가야 한다.

기관에 들어온 공기는 수많은 섬모들과 만나게 된다. 섬모는 기관의 벽에 수없이 많이 나 있는 작은 털이다.

기관의 섬모

▶ 호흡 기관

기침과 재채기

기침은 기도의 점막이 자극을 받아 갑자기 숨소리를 터트려 내는 것이며, 재채기는 코 안의 신경이 자극을 받아 갑자기 코로 숨을 내뿜는 것을 말한다. 숨을 짧은 시간 동안 몇 차례 나누어 들이마시다가 큰 소리와 함께 한꺼번에 내쉼으로써 코 안의 이물질이 속으로 들어가지 못하게 막는다.

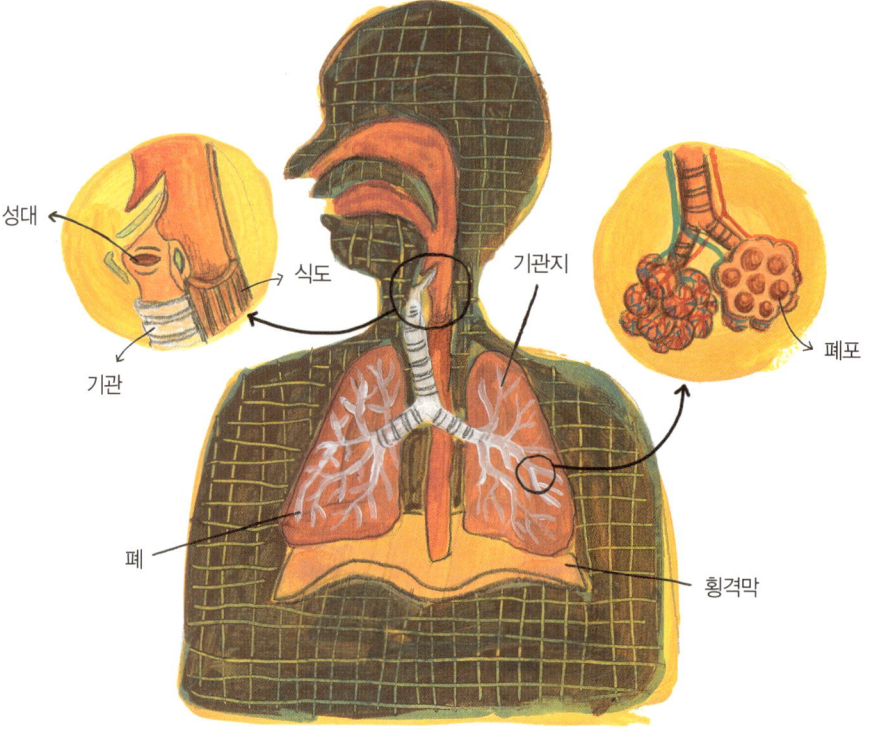

성대, 식도, 기관, 기관지, 폐, 폐포, 횡격막

섬모 역시 코털과 비슷한 작용을 한다. 즉, 코를 통해 들어온 세균이나 먼지를 걸러 내는 역할을 하는 것이다. 우리가 보통 가래라고 하는 것 역시 섬모의 작용으로 만들어진 세균과 먼지 덩어리인 셈이다.

이곳을 지나 계속 아래로 내려오던 공기는 다시 두 갈래의 길을 만나게 된다. 여기서부터의 길은 기관이라고 하지 않고 기관지라고 한다. 기관지는 작은 여러 개의 가지로 나눠지면서 두 개의 폐로 연결되어 있다.

세기관지
폐에 가까워질수록 기관지의 가지는 가늘어지는데 이와 같이 가느다란 기관지를 세기관지라고 한다.

횡격막
가슴과 배를 나누는 근육으로 된 막으로, 가로막이라고도 한다. 횡격막은 포유류에만 있는 막으로, 횡격막의 상하 운동에 의해 호흡 운동이 이루어진다.

폐에게 폐(?) 끼치지 말자

폐는 앞의 그림에서 보는 것처럼 포도송이같이 생긴 수많은 폐포로 이루어져 있다. 폐포는 얇은 막으로 이루어진 공기 주머니로, 많은 모세혈관으로 싸여 있고, 막을 통해 외부 공기와 혈액 사이에 기체가 교환된다. 양쪽 폐에는 모두 약 3억 개의 폐포가 존재하며, 폐에 있는 폐포를 모두 평면으로 펼쳐 놓으면 테니스장을 다 덮을 수 있을 정도라고 한다.

▶ 호흡 운동 실험 장치

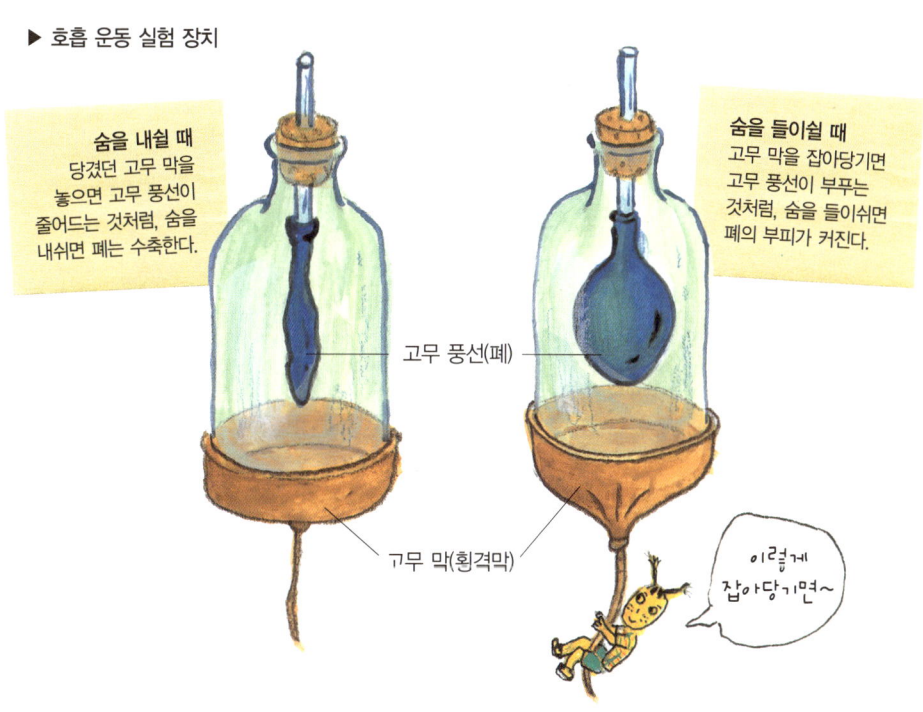

숨을 내쉴 때
당겼던 고무 막을 놓으면 고무 풍선이 줄어드는 것처럼, 숨을 내쉬면 폐는 수축한다.

숨을 들이쉴 때
고무 막을 잡아당기면 고무 풍선이 부푸는 것처럼, 숨을 들이쉬면 폐의 부피가 커진다.

고무 풍선(폐)

고무 막(횡격막)

이렇게 잡아당기면~

딸꾹질
딸꾹질은 횡격막에 경련이 일어나면서 생기는 것이다. 숨을 들이마실 때 아래로 내려가야 할 횡격막이 위로 올라가면서 성대를 닫게 되면 성대로 들어오던 공기가 차단되면서 소리가 나는 것이다.

연수
뇌의 마지막 부분으로, 호흡 운동, 심장 박동, 소화, 소화액 분비 조절 등의 역할을 맡는다.

숨을 쉴 때 들어온 공기는 폐포를 지나 모세혈관으로 들어간다. 역으로 모세혈관으로부터 폐포는 노폐물을 받아들인다. 이 작업을 원활하게 하기 위해 폐포의 면적이 넓은 것이다.

폐에는 근육이 없어서 스스로 움직일 수 있는 힘이 없는데 그렇다면 어떤 힘으로 숨을 쉬게 되는 걸까? 그 비밀은 바로 횡격막에 있다.

횡격막은 폐와 배 사이에 있는 근육성 막으로 이 근육이 아래위로 움직이면 폐의 부피가 달라진다. 즉, 횡격막이 아래로 내려가면 그만큼 공간이 생기므로 폐의 부피가 늘어난다. 폐의 부피가 늘어나면 속의 압력이 작아져서 외부의 공기를 빨아들이게 된다. 이것이 바로 우리가 숨을 들이마실 때 일어나는 현상이다.

또한, 반대로 횡격막이 위로 올라가면 그만큼 폐가 압박을 받게 되므로 속에 있던 공기가 빠져나가게 된다. 즉, 우리가 숨을 내쉴 때의 이야기다. 이렇게 횡격막의 근육 운동으로 우리는 숨을 쉴 수 있다.

정상적인 호흡 운동은 1분에 12~25회 정도 일어난다. 호흡은 자신의 의지로도 어느 정도는 조절할 수 있지만, 연수에서 통제하는 자율적인 운동이다.

피부로도 호흡을 할까?

사람은 폐로만 호흡을 하는 것 같지만 알고 보면 피부로도 호흡을 한다. 피부 호흡이란 동물의 호흡에서 피부를 통하여 외부의 산소를 직접 몸속에 넣는 일로, 정도의 차이는 있지만 모든 동물들이 다 피부 호흡을 하고 있다.

호흡 기관이 따로 없는 하등 동물들은 피부를 통해서만 호흡을 하고, 아가미를 가진 동물이나 개구리와 같은 양서류들은 호흡 기관을 가지고 있음에도 다른 동물들보다 피부 호흡에 의존하는 비율이 높은 편이다. 비둘기는 1%, 뱀장어는 30%, 개구리는 30~50%를 피부로 호흡한다. 특히 개구리는 겨울잠을 자는 동안 피부로 숨을 쉬는 비율이 75%나 된다. 비가 내릴 때마다 개구리가 우는 것은 피부 호흡이 잘 돼 기분이 좋기 때문이다.

폐 호흡을 하는 사람의 경우는 피부 호흡이 전체 호흡의 약 0.61% 정도를 차지한다. 이때 공기는 땀구멍을 통해 출입한다. 사람의 피부 호흡은 폐 호흡에 비해 차지하는 비중이 아주 적은 편이지만 피부 호흡이 차단되면 40분 이내에 사망할 만큼 중요하다. 그것은 피부 호흡을 통해서 수분을 증발시키고, 열을 내보내고, 유해 물질을 배설하는 등의 일을 하기 때문이다.

You Know What?
복식 호흡을 배우면 고래처럼 숨쉴 수 있다

　숨쉬기에도 여러 종류가 있다. 그중 과학적으로도 연구 대상인 복식 호흡이 요즘 관심을 받고 있다.
　미국에 있는 패터슨 메디컬 센터와 조제프 병원 연구진은 호흡이 점점 정지되어 가는 위급한 환자 103명을 대상으로 응급 처치를 실시했다. 이들은 두 가지 방법으로 호흡을 되살리기 위한 응급 처치를 하였다. 하나는 가슴만 눌러 주는 기존의 방법이고, 다른 하나는 배를 눌러 주는 방법이었다. 그런데 놀랍게도 가슴을 눌러 주는 방법은 다시 회복된 비율이 7%에 불과했지만, 배를 눌러 주는 방법은 회복된 비율이 무려 25%에 이르렀다.
　이것은 호흡 속에 건강의 비밀이 들어 있다는 것을 뜻한다. 복식 호흡이란 한마디로 말해 배를 이용하여 호흡하는 것을 말한다. 즉, 우리가 계속 해 오던 방법이 아니라, 숨을 배까지 길게 들이마시고 길게 내뱉는 호흡, 숨을 최대한 천천히 쉬는 호흡이다. 이 호흡법은 장수하는 동물에게서 그 아이디어를 얻었다. 세상에서 가장 장수하는 동물인 고래, 거북, 코끼리 등은 대부분 느리고 깊게 호흡한다.
　그중에서 고래는 숨을 한 번 들이쉰 상태로 물속에서 30분을 견딜 수 있다고 하니 정말 대단하다.

복식 호흡은 혈액 순환에 더없이 좋다고 한다. 혈액 순환이 좋아지면 다른 모든 장기에도 영향을 미쳐 건강하게 된다. 또한, 스트레스 해소에도 큰 도움이 되는데 아마 숨을 천천히 쉬기 위해서는 조용히 명상에 잠기는 시간이 필요할 것이니 당연한 결과일 것 같다.

무엇보다도 노래하는 사람들은 복식 호흡부터 배운다고 한다. 즉, 노래를 잘하기 위해서는 복식 호흡이 필요하다는 것이다. 이제 복식 호흡에 관심이 가는 친구들은 꼭 한번 도전해 보길 바란다.

호흡 운동과 호흡의 원리 08

중학교1 과학
9. 호흡과 배설 / 호흡
고등학교 생물 I
4. 호흡과 배설 / 호흡과 에너지

사람은 어디서 에너지를 얻을까

끝없이 펼쳐진 사막을 달리는 자동차의 휘발유가 거의 떨어져 간다. 그런데 아무리 주위를 둘러봐도 주유소 하나 눈에 띄지 않는다. 과연 이 자동차의 운명은 어찌 될 것인가?

답은 누구나 알고 있듯이 아주 간단하다. '자동차는 휘발유가 다 떨어지는 순간 멈춰 서 버린다'이다. 이때 자동차가 더 이상 가지 못하는 것은 물론 휘발유가 떨어졌기 때문이지만, 근본적으로는 에너지가 다 떨어졌기 때문이라고 할 수 있다. 이처럼 자동차는 에너지가 있어야 달릴 수 있다. 마찬가지로 사람도 에너지가 있어야 활동할 수 있다.

사람은 에너지를 어디서 얻는가? 바로 밥이다. 자동차는 휘발유를 먹어야 달릴 수 있고, 사람은 밥을 먹어야 활동할 수 있다.

그런데 자동차의 경우는 휘발유가 탈 때 엄청난 열이 발생하여 에너지를 얻지만 사람의 경우는 밥이 어떻게 에너지로 바뀌는 걸까? 휘발유가 타는 것처럼, 밥이 소화 과정을 거쳐 작은 단위인 영양소로 분해되어 영양소가 타기라도 한단 말인가?

호흡을 통한 에너지

호흡을 통해 만들어진 에너지는 체온을 유지하며 조절하는 데 가장 많이 쓰이고 나머지는 생장하거나 운동하는 등의 에너지로 이용된다.

에너지를 만드는 데 산소 확보는 필수

휘발유가 타는 것은, 사실 휘발유와 산소가 서로 반응하여 열에너지가 생기는 현상이다. 폭발적으로 반응하여 불이 활활 타오르기 때문에 탄다고 표현하는 것이다.

이와 같이 자동차가 에너지를 얻기 위해서는 휘발유뿐만 아니라 산소도 필요하다. 마찬가지로 우리가 에너지를 얻

▶ 기체 교환

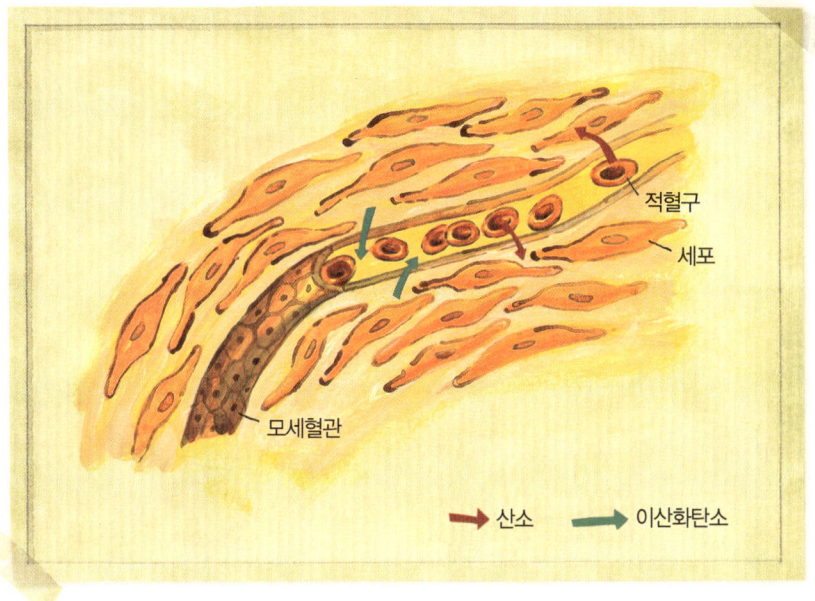

기 위해서도 영양소뿐만 아니라 산소가 필요하다. 그래서 우리는 밥을 먹음으로써 영양소를 얻고 호흡함으로써 산소를 얻는다.

앞에서 봤던 숨을 쉬는 과정을 다시 떠올려 보자. 코를 통해 들어온 공기는 폐의 폐포에서 모세혈관으로 전달된다. 폐포를 통해 모세혈관으로 들어간 산소(공기 중의 산소만 들어감)는 혈관을 타고 심장을 거쳐 온몸의 세포로 전달된다.

그렇다면 혈액으로 전달된 산소는 어떻게 세포 속으로 들어갈까?

산소를 포함하고 이동하는 혈액은 조직 세포에 산소를 공급한다. 산소를 공급받은 조직 세포는 다시 혈액에 자신의 노폐물에 해당하는 이산화탄소를 내보낸다.

혈액과 조직 세포는 이렇게 산소와 이산화탄소를 서로 주고받는다. 조직 세포는 이 경로를 통해 에너지를 만드는 데 필요한 산소를 확보하는 것이다.

조직 세포

세포와 세포가 모여 만들어진 조직을 말한다. 예를 들어 근육 조직, 결합 조직 등이 있다.

87

영양소와 산소의 만남

이제 영양소와 산소가 만날 차례다. 영양소 역시 소장을 통해 혈액으로 전달되고, 혈액을 따라 온몸의 조직 세포로 이동한다. 이렇게 영양소와 산소는 조직 세포에서 만나게 된다.

영양소와 산소가 만나면 서로 결합하여 화학 반응을 일으킨다. 그러나 휘발유처럼 활활 타는 것은 아니니 미리부터 걱정하지 않아도 된다. 영양소와 산소가 만나 화학 반응을 일으키면 이산화탄소와 물로 변한다. 이 과정에서 에너지가 발생하는 것이다.

이 과정을 생물에서는 호흡이라고 한다. 호흡에서 얻어지는 바로 이 에너지가 우리가 생활하는 데 사용하는 에너지이다. 즉, 음식물을 통해 영양분을 공급받고 호흡을 통해 산소를 공급받아야만 비로소 에너지를 얻게 된다. 다시 말하면, 우리가 에너지를 얻기 위해서 밥을 먹는 것과 숨을 쉬는 것은 꼭 필요한 일이라는 것이다.

한 가지 주목해야 할 것은 호흡 과정에서 생긴 이산화탄소다. 물이야 당연히 필요한 것이므로 상관없지만, 이산화탄소는 인체에 유해한 노폐물이므로 혈액이 다시 받아서 폐로 이동시켜 몸 밖으로 내보낸다.

호흡
영양소를 산소와 결합시켜 생활하는 데 필요한 에너지를 만들어 내는 과정. 영양소 (탄수화물, 지방, 단백질) + 산소 → 물 + 이산화탄소 + 에너지.

외호흡
폐의 폐포와 모세혈관 사이에서 일어나는 산소와 이산화탄소의 교환.

내호흡
모세혈관과 조직 세포 사이의 산소와 이산화탄소의 교환 및 조직 세포에서 영양소가 산화되어 에너지가 발생하는 과정.

밖에서도 호흡하고, 안에서도 호흡하고

호흡 운동으로 폐 속으로 공기가 들어오면 산소는 폐포를 둘러싸고 있는 모세혈관 쪽으로 이동하고, 반대로 이산화탄소는 모세혈관에서 폐포 쪽으로 이동하는 기체 교환이 일어난다. 이와 같이 폐포와 모세혈관 사이에서 일어나는 기체 교환을 외호흡이라 한다.

내호흡은 모세혈관과 온몸의 조직 세포에서 일어나는 기체 교환으로, 이때 조직 세포는 산소를 받아들여 영양소를 산화시킴으로써 에너지를 얻는다.

온몸을 돌고 온 혈액은 우심실에서 나와 폐동맥을 흘러 폐로 들어간

▶ 호흡 과정

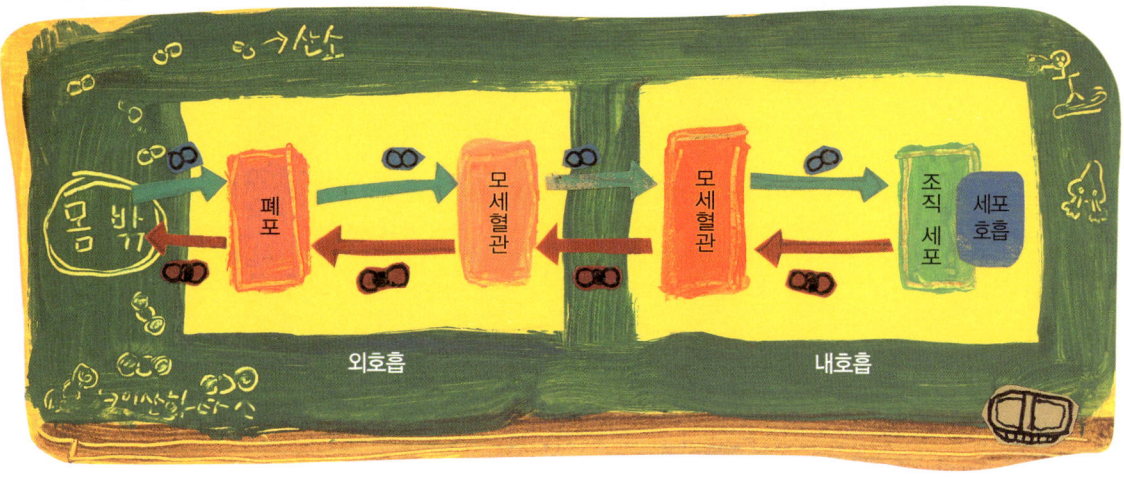

다. 이 혈액에는 이산화탄소가 많이 있지만, 폐포에서 외호흡을 통해 기체 교환이 일어나면, 산소를 많이 갖게 된다. 이 혈액은 폐정맥을 따라 심장으로 들어간 뒤 다시 온몸으로 펌프질되어 퍼지게 된다.

이렇게 외호흡과 내호흡을 할 때 일어나는 기체 교환의 원리는 무엇일까?

온몸을 돌고 우심방으로 들어온 혈액 속의 산소는 폐포 속의 산소보다 농도가 매우 낮다. 하지만 이산화탄소의 농도는 폐포보다 혈액이 더 높다. 이것은 혈액이 우리 몸을 돌면서, 각 조직 세포에 산소를 공급해 주고 대신 이산화탄소를 받아 왔기 때문이다. 이처럼 폐포와 폐포를 감싸고 있는 모세혈관 사이에는 산소와 이산화탄소의 농도 차가 생기게 되는데, 이 차이는 확산에 의해 서로 평형을 이루는 방향으로 이동하게 된다.

상대적으로 산소를 적게 가지고 있는 혈액이 폐포의 모세혈관을 지나게 되면, 확산에 의해 폐포에서 모세혈관 속으로 산소가 이동하여 적혈구의 헤모글로빈과 결합한다. 이때 이산화탄소는 산소와 반대 방향으로 확산이 일어난다. 산소와 이산화탄소가 평형을 이루는 데 걸리는 시간은 0.3초 정도의 매우 짧은 시간이다.

확산

기체나 액체 같은 물질이 농도가 높은 곳에서 낮은 곳으로 이동하여 평형 상태를 이루는 현상으로, 물에 탄 잉크가 퍼지거나 담배 연기가 퍼지는 현상 등이 있다.

산소를 이용해 호흡을 한 뒤 이산화탄소를 배출하는 조직 세포와 그 조직 세포 사이사이의 모세혈관에서도 확산에 의해 산소와 이산화탄소의 기체 교환이 일어난다.

외호흡은 일시적으로 멈출 수 있지만, 내호흡은 멈출 수 없다. 내호흡이 멈추면 세포는 산소를 공급받지 못해 순식간에 죽어 버린다. 특히 뇌 세포는 산소 부족에 약하며 심장이 정지해서 혈액이 흐르지 않게 되면 몇 분 이내에 죽고 만다.

효모

빵이나 맥주, 포도주 등을 만드는 데 사용되는 미생물로, 곰팡이나 버섯 무리에 속하지만 균사가 없다.

산소 없이 이루어지는 무기 호흡

대부분의 생물은 산소 없이 호흡을 하지 못한다. 즉, 산소가 없으면 충분한 영양소를 흡수했다 하더라도 화학 반응을 일으켜 생장에 필요한 에너지원을 만들지 못하는 것이다. 하지만 예외의 경우도 있다. 바로 산소 없이 호흡하여 에너지를 얻는 무기 호흡이다.

무기 호흡에는 발효와 부패, 두 가지가 있다. 발효의 대표적인 예인 술은 효모가 산소 없이 포도당을 분해하여 에탄올이라는 알코올과 이산화탄소를 만드는 호흡을 한다. 물론 이때도 에너지가 발생한다. 발효는 술 이외에 우리가 자주 먹는 김치나 빵, 요구르트 등에서도 일어난다.

발효라는 것은 무기 호흡의 결과 사람들에게 이로운 성분이 만들어지는 것이다. 그러나 인간에게 이롭지 못한 무기 호흡도 있다. 바로 부패이다. 부패는 미생물이 에너지를 얻기 위해 산소 없이 호흡을 한 결과, 영양소가 분해되어 악취가 나거나 독성을 가진 성분이 만들어지는 경우이다.

하지만 부패라고 모두 부정적으로만 볼 수 없다. 비록 인간에게 해로운 물질을 만들지만, 부패는 동식물의 시체를 분해하기 때문에 자연계에서 없어서는 안 될 호흡 활동이다.

인공 심장

심장은 생명 유지에 매우 중요한 장기이면서도 다른 내장 기관에 비해 상대적으로 단순한 기능을 하기 때문에 인공적으로 만든 혈액 펌프에 의하여 혈액을 공급함으로써 그 기능을 대신할 수 있다. 따라서 손상된 심장 기능을 부분적으로 혹은 전체적으로 대신해 주는 기계 장치, 즉 인공 심장에 대한 가능성 및 필요성이 일찍부터 제시되어 왔다.

인공 심장의 효시는 1982년 미국에서 개발된 자빅이라는 장치이다. 그러나 초기의 자빅은 커다란 펌프 장치를 몸 밖에 부착해야 하므로 환자는 꼼짝없이 침대에 누워 있어야만 했다. 지금까지 개발된 가장 작은 인공 심장은 '자빅 2000'으로 포도주 병의 코르크 마개만한 크기의 건전지로 움직이는 미니 심장 펌프이다.

'자빅 2000'에서 나온 아주 가는 전선은 가슴과 목을 거쳐 왼쪽 귀 뒤의 두개골에 나사못으로 고정된 티타늄 받침대와 연결된다. 이 전선은 여기서 다시 피부 밖으로 나와 허리 벨트나 양복 조끼에 착용하게 되어 있는 핸드폰 크기만한 제어 장치와 연결된다. 이 제어 장치는 환자의 필요에 따라 분당 3~8L의 혈액을 펌프질해 내보낸다.

현재의 인공 심장은 일시적으로 심장의 기능을 대신하는 것이다. 이것을 영구적으로 사용하기 위해서는 전원을 지속적으로 공급하는 문제와 장치 자체를 소형화하는 문제가 남아 있다.

간접 흡연이 더 나쁜 이유

스위스 제네바 대학의 거베이스 박사 팀은 1991년부터 2002년까지 11년간 1,661명의 담배를 피우지 않는 사람을 대상으로 간접 흡연 피해에 대한 연구를 진행했다. 연구 결과, 비흡연자가 간접 흡연에 노출되었을 경우 호흡기 질환이 생기는 것으로 나타났다. 그런데 문제는 간접 흡연에 노출되는 시간이 길면 길수록 증상이 더 악화된다는 것이다.

간접 흡연이란 직접 담배를 피우지 않는 사람이 간접적으로 남이 피우는 담배 연기를 마시게 되는 상태를 말한다. 즉, 본인의 의사와는 상관없이 담배 연기를 마시게 된다는 뜻이다.

흡연의 피해 사례는 다양하게 나타난다. 그런데 직접 담배를 피우는 사람보다 오히려 간접 흡연의 경우가 더 심각하다고 한다.

담배 연기는 두 가지 종류로 나누어진다. 하나는 흡연자가 들이마신 후 내뿜는 연기이고, 다른 하나는 타고 있는 담배 끝에서 나오는 생담배 연기를 말한다. 그런데 두 가지 연기 중 독성 화학 물질의 농도는 생담배 연기가 2~3배 정도 더 높다. 또한, 생담배 연기는 입자의 크기도 작아 폐의 더 깊은 부분까지 들어갈 수 있다고 하니 생담배 연기의 독성을 짐작할 만하다.

그런데 간접 흡연자는 흡연자가 내뿜는 연기보다 생담배 연기에 더 많이 노출되어 있다. 그래서 간접 흡연이 오히려 직접 담배를 피우는 사람보다 훨씬 더 위험한 것이다.

그런데 가만히 생각해 보라. 주로 누가 간접 흡연에 노출되고 있을까? 담배를 피우지 않는 어린이나 청소년들이 아닐까? 또 주로 아빠들보다는 엄마들이다. 담배를 피우지도 않았는데 억울하기 그지없다.

부모가 담배를 피우는 가정의 어린이는 급성 호흡기 질환 감염률이나 폐암 발생률도 그렇지 않은 가정의 어린이보다 훨씬 높다고 한다.

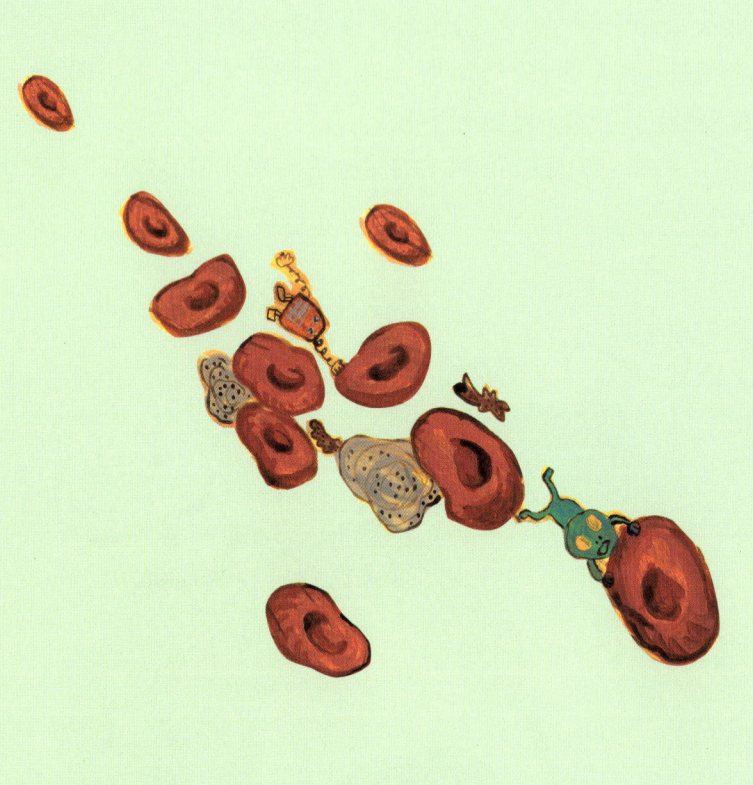

혈액의 구성과 기능 09

중학교1 과학
8. 소화와 순환 / 순환
고등학교 생물 I
3. 순환 / 혈액

관련교과

피는 물보다 진하다

열심히 뛰어놀다가 실수로 넘어져서 피가 나는 일이 있다. 또 친구끼리 싸움이 붙어 코피가 나는 경우도 있다. 이럴 때 대부분의 사람들은 더럭 겁이 나기도 하고, 큰일이라도 난 것처럼 흥분하기도 한다.

피가 날 때 제일 먼저 우리가 하는 행동은 피가 나오는 것을 멈추게 하려고 솜으로 피를 막고 밴드를 붙이거나 붕대를 감는 것이다. 피가 얼마나 중요한 것이기에 사람들은 이런 반응을 하는 걸까?

'피는 물보다 진하다'라는 말이 있다. 실제로 혈액은 물보다 약 3배 진하다. 혈액 속에는 수많은 세포들과 당분을 비롯한 여러 가지 물질들이 가득 차 있으니 그럴 수밖에 없다.

사람은 물이 없으면 살 수 없지만 피가 없어도 살 수 없다. 피의 가장 중요한 역할은 영양소들을 우리 몸 곳곳으로 운반하는 일이다. 흡수된 영양소들은 모두 심장을 거쳐 혈관을 타고 온몸으로 퍼져 나간다. 또한 피는 호흡을 통해 들어온 산소를 운반하는 일도 한다. 이렇게 피는 영양소와 산소를 우리 몸 곳곳에 제공해 줌으로써, 우리를 살아갈 수 있게 해 주는 중요한 역할을 담당하고 있는 것이다.

혈액의 기능

세포가 필요한 물질을 공급받고 불필요한 노폐물을 버리는 물질 교환은 혈액의 도움을 받아 이루어진다. 혈액은 산소, 이산화탄소, 호르몬 등을 필요한 곳에 운반해 줄 뿐만 아니라 체온, 삼투압 및 수소이온농도(ph)도 일정하게 유지해 주고 침입한 세균을 제거하고 병원체와 같은 이물질과 대항하여 싸울 수 있는 항체도 만든다.

피가 왜 노란색이지

우리 몸에는 약 5L 정도의 혈액이 들어 있다. 혈액은 적혈구, 백혈구, 혈소판 등과 같은 고체 성분인 혈구와 액체 성분인 혈장으로 되어 있다.

이 중 혈장은 혈액의 약 55%를 차지하는 노란색의 투명한 액체다. '어, 피는 붉은색인데 웬 노란색?'이라고 생각하겠지만 다음의 실험을 보면 그 이유를 알 수 있다.

혈액을 시험관에 담아 오랫동안 놓아 두면 두 개의 층으로 나눠지는데, 위층은 노란색, 아래층은 붉은색이다. 위층은 혈장 성분이고 아래층은 혈구 성분이다.

혈장의 대부분을 차지하는 물은 여러 가지 물질을 녹이는 용매가 되는데, 무기 염류, 비타민, 포도당, 아미노산과 같은 영양소들도 혈장에 녹아서 세포로 전달된다. 그리고 세포에서 생성된 노폐물도 혈장에 녹은 상태로 이동하여 몸 밖으로 내보내진다. 또한 혈장 단백질이 있어 혈액의 삼투압을 조절하거나, 면역 기능, 혈액 응고 등에도 관여한다.

적혈구의 모양

적혈구는 핵이 없기 때문에 가운데가 오목한 원반 모양이다. 이 때문에 표면적이 커져서 많은 산소를 효율적으로 운반할 수 있으며, 아주 가는 모세혈관을 지날 때도 접힌 모양으로 통과할 수 있다. 하지만 핵이 없기 때문에 수명은 짧다.

▶ 혈액의 구성

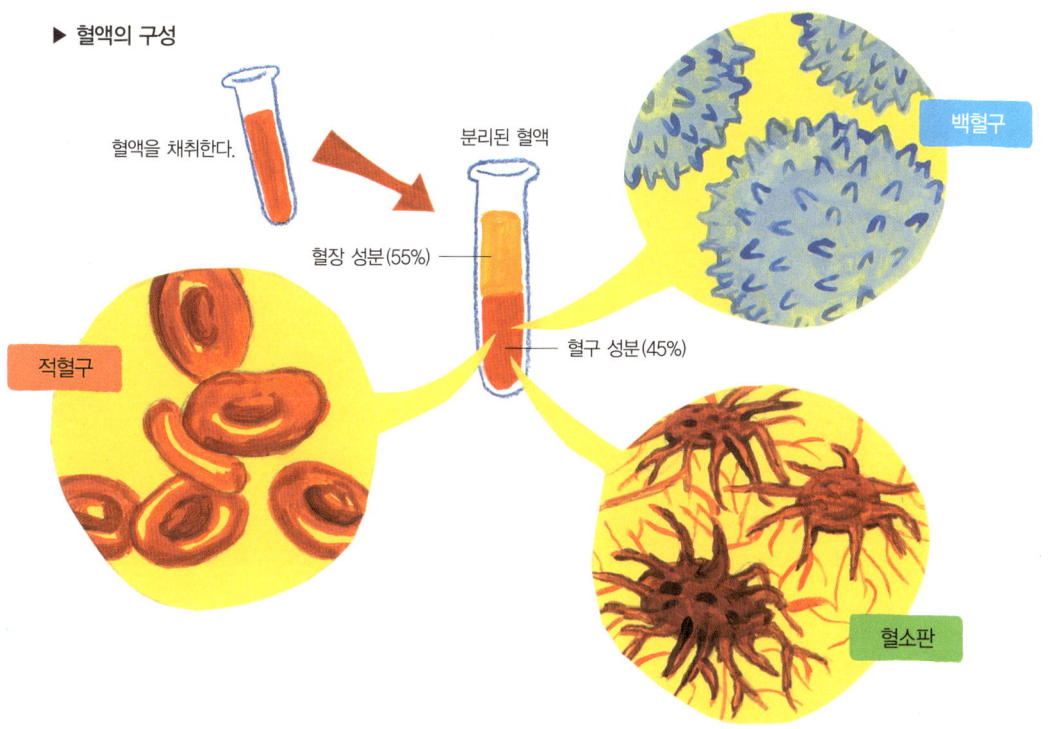

적혈구의 수

적혈구는 백혈구보다 수가 훨씬 많다. 사람의 몸속에는 약 5L의 혈액이 들어 있는데, 그 속에 들어 있는 적혈구의 수는 약 20조 개나 된다.

폐

산소를 받아들이고 이산화탄소를 내보내는 역할을 하는 인체의 기관.

산소 배달부, 적혈구

앞의 실험에서 시험관의 아래쪽이 붉게 보이는 이유는 적혈구 때문이다. 혈구의 99%를 차지하고 있는 적혈구에는 헤모글로빈이라는 붉은색 색소가 들어 있기 때문에 피가 붉은색으로 보이는 것이다.

적혈구의 역할은 혈관을 따라 돌면서 온몸의 세포에 산소를 전달하고, 노폐물인 이산화탄소를 날라서 몸 밖으로 보낼 수 있게 도와주는 것이다. 적혈구를 구성하는 헤모글로빈은 산소가 많은 곳에서는 산소와 쉽게 결합하고, 산소가 적은 곳에서는 산소와 쉽게 떨어지는 성질이 있다. 따라서 산소가 많은 폐에서는 헤모글로빈이 산소와 결합하고, 산소가 적은 조직에서는 헤모글로빈에서 산소가 떨어져 나와 조직 세포에 공급된다.

적혈구의 수명은 약 120일 정도이며, 수명이 다 된 적혈구는 간에서 파괴된다.

헤모글로빈이 없어 투명한 아이스피시

우리 몸을 지켜 주는 백혈구와 혈소판

백혈구는 우리 몸에 들어오는 세균들을 잡아먹는 역할을 한다. 백혈구 세포에는 핵이 있는데, 이것은 증식을 하기 위해 존재한다. 만약 우리 몸속에 세균이 침입해 들어오면 백혈구는 빠르게 증식하여 세균들을 잡아먹어야 하기 때문이다.

하지만 백혈구의 수가 비정상적으로 증가하면 백혈병에 걸리는데, 이 병은 매우 위험한 병이다. 백혈병은 백혈구의 수가 많이 증가해서 정상인 사람과 비교했을 때 피가 상대적으로 하얗게 보이기 때문에 붙은 이름이다.

백혈구가 많이 증가하면 오히려 몸이 튼튼해질 것 같지만, 백혈병 환자의 백혈구는 성숙하지 않아 비정상적인 기능을 하기 때문에 문제가 된다. 미성숙한 백혈구는 세균을 죽이는 능력이 없기 때문에 몸의 저항력을 낮출 뿐 아니라 다른 적혈구나 혈소판들의 생산도 방해해 빈혈이 일어나고 쉽게 피가 나거나 멍이 잘 든다.

혈소판은 적혈구나 백혈구보다 크기가 매우 작은 세포로, 상처 때문에 혈관이 터질 경우 혈액을 응고시켜 출혈과 병원균의 침입을 막는 역할을 한다. 그리고 다시 빠르게 혈관을 재생하여 정상적인 몸이 되도록 한다. 따라서 혈소판이 부족한 사람은 작은 상처에도 피가 많이 나고 잘 멈추지 않아 위험하다.

과학자 노트

하비
(William Harvey, 1578~1657) 영국의 의학자·생리학자. 영국에서 태어나 케임브리지 대학에서 공부하였고, 졸업 후에는 이탈리아의 파도바 대학에서 위대한 해부학자인 베살리우스의 제자 파브리키우스 밑에서 공부했다.

그는 〈심장과 피의 운동에 대하여〉라는 논문을 발표하여 피가 심장에서 온몸으로 뿜어져 나갔다가 다시 심장으로 돌아온다는 사실을 처음으로 주장했다. 그 이전까지 사람들은 피가 간에서 만들어져 심장을 통해 펌프질되어 나온 뒤 온몸에 산소와 영양소를 공급해 주고 사라진다고 믿었다.

하지만 하비는 실험을 통해 혈액이 순환한다고 주장하였고, 이를 뒷받침하기 위해서 여러 동물을 대상으로 실험하여 증명하였다.

수혈의 역사

옛날 사람들은 피를 신비한 힘을 가진 액체라고 생각하였다. 고대 로마 시대의 귀족들은 건강하고 젊은 검투사의 피를 마시면 젊어진다고 믿고 피를 마셨고, 이집트의 한 파라오는 병을 고치기 위해 피로 목욕을 했다는 기록도 있다. 개의 피를 마심으로써 공수병을 치료하기도 했으며, 간질과 괴혈병의 치료 방법으로 물개 또는 고래의 피를 마셨다고도 한다. 또한 나쁜 피를 뽑아내면 병이 나을 것이라는 생각에서 피를 뽑아내는 치료를 하기도 하였다.

하지만 1682년 윌리엄 하비가 혈액이 우리 몸속에서 혈관을 따라 순환한다는 것을 알아낸 후부터 의학자들은 수혈에 관심을 갖게 되었다. 환자들이 수술을 하다가 출혈 과다로 숨지는 일이 많았기 때문이다.

최초의 수혈은 동물의 피를 사람에게 수혈하는 것이었는데, 1665년 영국 의사 리차드 로워는 옥스퍼드 대학에서 두 마리의 개로 실험을 하였다. 그는 한쪽 개의 목에 있는 동맥과 다른 개의 정맥을 연결한 후 혈액이 주입되게 하였는데 이것이 최초의 수혈 실험이었다.

하지만 이후 수혈 치료를 받던 환자가 수혈 장치의 고장으로 사망하는 사고가 일어나는 등 여러 가지 수혈에 대한 부작용이 일어나자 가톨릭 교황이 수혈 금지

령을 내림으로써 수혈은 150년간이나 금지된 채 역사 속에 묻혀 있었다.

그 후 1818년 영국의 산부인과 의사인 제임스 블런델이 위암으로 거의 죽어가던 환자에게 사람의 혈액 400cc를 수혈하는 데 성공했다. 하지만 그 후로 시행된 수혈의 사례를 분석한 결과 적혈구가 파괴되거나 혈압이 떨어지고 열이 나는 등 수혈 부작용이 꽤 많이 일어난다는 사실을 알게 되었다.

수혈이 실패하는 요인 중 가장 큰 것은 혈액이 응집하는 것인데 이것을 밝혀낸 사람이 오스트리아의 의학자인 란트슈타이너였다. 그는 서로 다른 사람의 혈액을 섞었을 때 적혈구가 엉켜 있는 것을 관찰하였고, 이런 현상이 항상 생기는 것은 아니라는 것을 알게 되면서 혈액들 사이에 어떤 법칙이 있을 것이라는 생각을 갖게 되었다. 그리고 오랜 연구 끝에 그는 사람의 혈액형이 몇 가지 종류로 나뉜다는 가설을 세워 A, B, C(지금의 O형)의 세 가지 종류로 혈액형을 나눌 수 있다고 결론 내렸다. AB형은 1902년 란트슈타이너의 제자인 드카스텔로와 스텔리가 발견해 현재와 같은 수혈 개념이 생기기 시작하였다.

1907년부터 이러한 새로운 수혈 방법으로 많은 환자의 생명을 구할 수 있게 되었고, 이러한 수혈에 대한 공로를 인정받은 란트슈타이너는 1930년 노벨 생리·의학상을 받았다.

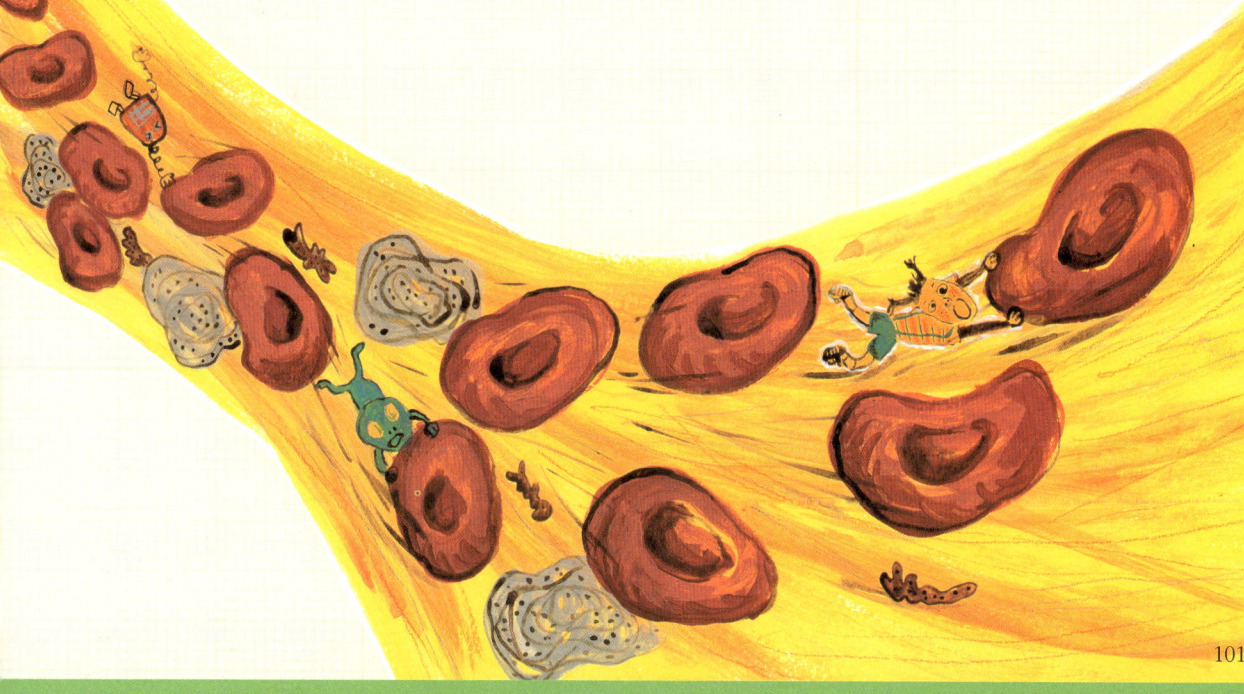

광합성과 호흡 10

풀들의 숨 쉬는 소리가 들리는 것 같아.

중학교 2 과학
4. 식물의 구조와 기능 / 광합성과 호흡
고등학교 생물 II
2. 물질 대사 / 광합성

관련 교과

삼림욕

숲에서 산책하거나 머물러 있으면서 신선한 공기를 마시며 숲 기운을 쐬는 일.

식물의 광합성과 숨쉬기

수목원에 가면 울창한 나무숲을 볼 수 있다. 사람들은 숲의 이곳저곳을 거닐며 삼림욕을 즐기기도 한다. 무엇보다도 숲 속에 있으면 싱그러운 느낌과 함께 기분이 상쾌해진다. 하늘 높이 뻗은 나뭇잎 사이로 밝은 햇살이라도 비치면 상쾌한 기분은 절정에 달한다. 한마디로 숲 속의 느낌은 나무들이 살아 숨 쉬는 것 같다.

그런데 나무들이 살아 있다면 숨도 쉬고 있는 것일까? 마치 사람처럼? 분명히 숲 속에서는 나무들이 숨을 쉬는 것처럼 느껴졌는데, 거리에 우두커니 서 있는 나무를 보면 도대체 숨 쉬고 있는 것 같지가 않다.

우리는 식물이 광합성을 한다는 사실을 알고 있다. 그렇다면 광합성을 하는 것이 바로 식물들의 호흡일까?

식물은 광합성도 하고 숨도 쉰다. 이는 마치 사람이 밥도 먹고 숨도 쉬는 현상과 거의 비슷하다. 사람이 밥을 먹는 것은 영양분을 얻기 위해서이고, 숨을 쉬는 것은 산소를 얻기 위해서이다. 그리고 이 두 과정은 결국 에너지를 얻기 위한 것이다.

그렇다면 식물의 광합성과 숨 쉬는 현상도 이와 비슷한 이유 때문이 아닐까?

물만 먹고 살 순 없어

식물 세포가 동물 세포와 다른 것은 동물 세포에는 없는 세포벽, 액포, 엽록체를 더 갖고 있다는 점이다. 이 중에서 엽록체는 식물의 호흡 및 광합성 작용과 밀접한 관련이 있다.

식물의 잎에 있는 엽록체에는 엽록소라는 녹색 색소가 들어 있어 식물의 잎을 녹색으로 보이게 해 준다. 이 엽록소가 바로 광합성에 필수적인 빛을 받아들이는 안테나 역할을 한다. 가을에 파란 이파리들이 노란색, 붉은색으로 아름답게 변하는 것은 엽록소가 줄어들고 더 이상 광합성 작용을 하지 않기 때문이다.

그렇다면 광합성이란 무엇이며, 또 광합성에서 얻는 것은 무엇일까?

우선, 광합성을 하기 위해서는 물과 이산화탄소가 필요하다. 우리는 보통 식물이 물을 먹고 산다고 생각한다. 그래서 식물에게 물을 주는데, 바로 이 물이 광합성에 사용되는 것이다.

또한, 이산화탄소는 공기 중에 있는 것을 잎에서 받아들여 사용한다. 이렇게 물과 이산화탄소가 만나서 햇빛을 받으면 드디어 광합성이 일어난다.

이 두 물질이 반응하면 산소, 물, 포도당이 생긴다. 여기서 생기는 포도당(양분)이 바로 식물이 살아가는 데 필요한 에너지의 원천이다. 사람은 밥을 먹음으로써 에너지를 얻지만, 식물은 먹을 수 있는 입이 없으

광합성의 양

식물은 녹색이므로 녹색의 빛은 반사하고, 청색이나 적색의 빛을 흡수하여 광합성에 이용한다. 그래서 청색과 적색의 빛이 주어졌을 때 광합성 양이 증가한다. 그리고 이산화탄소가 많을수록 광합성이 활발하게 일어난다. 하지만 어느 한계에 다다르면 아무리 빛이 강하고 이산화탄소의 농도가 높더라도 더 이상 광합성 양이 늘어나지 않고 일정하게 유지된다. 그리고 광합성 양은 기온이 30~40℃ 사이일 때 가장 활발하며 40℃가 넘으면 오히려 그 양이 줄어든다.

▶ 잎에서의 광합성

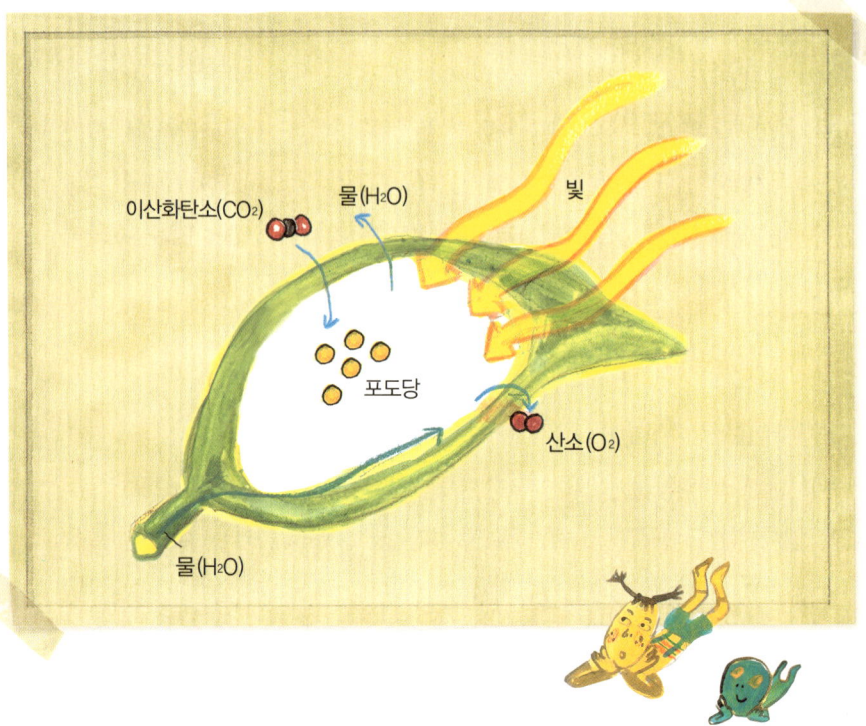

녹말

전분이라고도 하며, 광합성 작용에 의해 만들어지는 식물의 양분이다. 뿌리, 줄기, 씨앗 등에 저장된다.

므로 잎을 통한 광합성 작용으로 얻는 것이다.

따라서 식물이 물만 먹고 산다고 생각하는 것은 잘못이다. 만약 물만 주면서 햇빛이 없는 곳에 식물을 두면 얼마 못 가서 죽고 말 것이다. 광합성 작용을 통해 생성된 포도당은 주로 녹말로 바뀌어 식물체 내에 저장된다. 벼, 밀, 감자, 고구마 등의 식물들이 여기에 해당된다. 반면, 포도당을 다른 형태로 전환하여 저장하는 식물들도 있는데, 사탕수수는 설탕, 콩은 단백질의 형태로 양분을 저장한다.

식물의 광합성 작용은 강한 빛을 받을수록, 온도가 적당히 높을수록 (보통 35℃에서 가장 잘 일어남) 더욱 활발하게 일어난다. 따라서 흐린 겨울보다는 맑은 여름에 더 많은 산소와 포도당이 생긴다. 그래서 여름에 식물들이 울창하게 자라는 것이다.

그렇다면 우리가 알고 있는 식충 식물들은 광합성을 할까? 육식 동물처럼 곤충으로부터 충분한 영양소를 흡수하므로, 광합성을 해서 영양소를 만들 필요가 없을 것 같다.

하지만 식충 식물도 일반 식물처럼 광합성 작용을 하여 영양분을 얻는다. 다만 대부분의 식충 식물들이 사는 곳은 주로 늪이나 습지 같은 곳인데, 이런 환경에선 충분한 단백질을 공급받지 못하기 때문에 곤충들을 유인하여 잡아먹으며 부족한 단백질을 보충하는 것이다.

곤충을 잡아먹고 있는 파리지옥

끈끈이주걱

기공은 공기가 드나드는 구멍

식물도 사람처럼 숨을 쉰다. 즉, 식물도 호흡을 한다는 것이다. 사람이 호흡하는 과정에서 에너지가 생기듯이 식물도 살아가기 위한 에너지를 얻기 위해 호흡을 한다. 그러면 식물의 호흡 과정은 동물과 어떻게 다를까?

식물이 광합성을 통해 얻은 양분(포도당)은 산소와 결합하여 물과 이산화탄소를 만든다. 이 과정에서 에너지가 발생하여 식물이 살아갈 수

식물에서 생긴 에너지

광합성과 호흡을 통해 생성된 에너지는 식물의 체온 유지와 생장 등에 쓰인다. 그래서 꽃을 피우거나 씨에서 싹이 나올 때 식물의 호흡은 더욱 왕성해진다.

있다. 그래서 식물도 호흡을 해야만 에너지를 얻을 수 있다.

그런데 호흡할 때 쓰이는 산소는 어디에서 온 것일까? 그 비밀은 식물의 호흡이 잎에서 일어난다는 데서 찾을 수 있다.

식물의 잎에는 식물과 공기가 서로 통하는 문이라고 할 수 있는 기공이 있다. 식물의 잎은 이 기공을 통해 공기 중의 물질을 받아들이거나 공기 중으로 자신의 물질을 내보낸다. 그리고 이러한 필요가 생길 때마다 기공이 열린다.

호흡할 때 필요한 산소는 이렇게 기공을 통해 받아들이게 된다. 그리고 호흡의 과정에서 생기는 이산화탄소는 또 기공을 통해 밖으로 내보낸다. 이것은 광합성의 경우도 마찬가지다. 광합성에 필요한 이산화탄소도 기공을 통해 받아들이고, 광합성에서 생긴 산소도 기공을 통해 밖으로 내보낸다.

식물의 호흡 작용은 낮에만 일어나는 광합성과는 달리 하루 종일 일어난다. 또한, 광합성은 주로 잎의 엽록소에서만 일어나지만 식물의 호

▶ 기공을 통한 식물의 호흡 작용

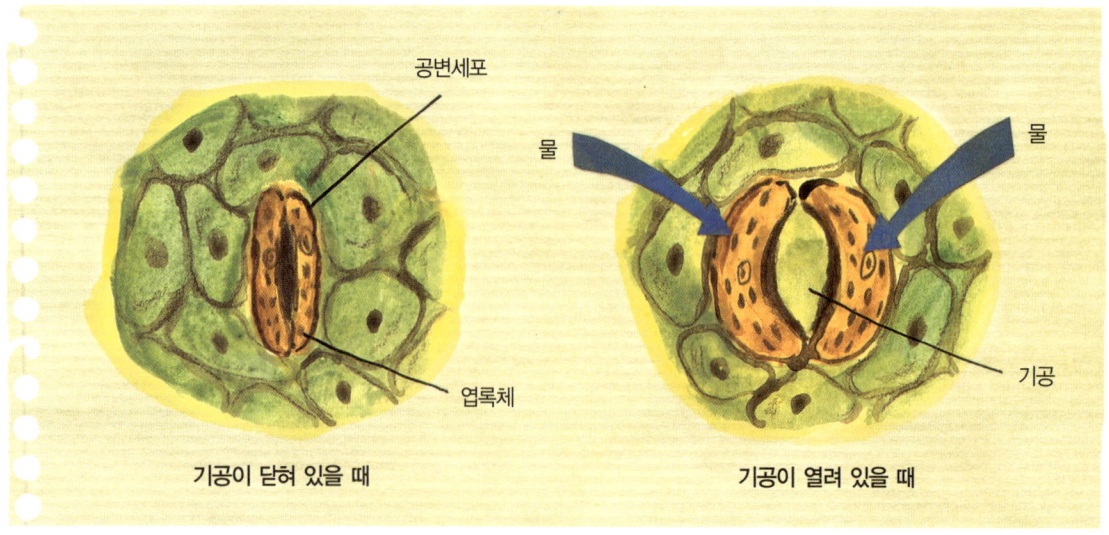

흡은 모든 세포에서 일어난다.

식물의 숨쉬기

지금까지 식물의 광합성과 호흡에 대해 알아보았다. 우리는 보통 식물이 있으면 산소가 생기기 때문에 공기가 맑아진다고 알고 있다. 하지만 식물도 숨을 쉴 때 이산화탄소를 내놓는다. 낮에만 하는 광합성과는 달리 하루 종일 호흡을 한다고 하니, 오히려 식물 때문에 이산화탄소가 더 많이 발생하는 건 아닌가?

그러나 식물은 동물처럼 많은 호흡 작용이 필요하지 않다. 생각해 보라. 격렬하게 움직이는 동물과는 달리 식물은 가만히 서 있기만 해도 되니 많은 에너지가 필요 없을 것이다.

그래서 식물은 아주 미미한 정도의 호흡을 한다. 어느 정도냐 하면, 특수 실험으로만 감지할 수 있을 정도다. 따라서 식물 전체적으로 볼 때는 산소를 훨씬 더 많이 방출하는 셈이 되어, 식물은 우리에게 맑은 공기를 제공해 주는 것이다.

▶ **광합성과 호흡**

	광합성	호흡
일어나는 장소	엽록체	모든 세포
일어나는 시간	빛이 비칠 때	하루 종일(밤, 낮)
기체의 출입	이산화탄소 흡수, 산소 방출	산소 흡수, 이산화탄소 방출

그런데 여기서 한 가지 의문이 든다. 식물은 하루 종일 호흡을 한다고 했는데, 그럼 낮에는 광합성도 하고 호흡도 한다는 이야긴가?

피톤치드

식물이 내뿜는 살균성 물질을 말한다. 식물들이 분비하는 이 물질이 사람의 몸속으로 들어가 나쁜 균을 없애는 작용을 한다.

식물은 밤에만 호흡을 하는 것이 아니라 낮에도 광합성과 함께 끊임없이 호흡을 한다. 그런데 이 두 과정이 동시에 일어나므로 호흡에서 배출한 이산화탄소는 곧바로 광합성에서 흡수돼 버린다. 그래서 이산화탄소는 배출되지 않는 것처럼 보이는 것이다.

실제로 낮 동안에는 아주 미미한 호흡의 양에 비해 광합성의 양이 훨씬 많기 때문에 우리에게 풍부한 산소를 제공한다.

그리고 숲 속에 가면 상쾌한 냄새가 나는데, 이것은 산소의 냄새가 아니라 식물의 분비물인 피톤치드라는 물질의 냄새다. 즉, 식물은 우리에게 산소와 함께 상쾌한 향기를 아무 대가 없이 제공해 주는 그야말로 고마운 존재이다.

광합성의 연구사

광합성에 대한 연구는 1772년 영국의 프리스틀리가 시작했다. 프리스틀리는 두 개의 밀폐된 유리 상자에 초와 쥐, 식물을 넣고 관찰하였다. 하나의 유리 상자 안에는 초와 쥐를, 다른 유리 상자 안에는 식물, 초, 쥐를 함께 넣어 두고 관찰하였다.

실험 결과 초와 쥐만 넣어 둔 유리 상자 속에서는 촛불이 금방 꺼지고 쥐도 죽었지만, 식물과 함께 넣은 촛불은 꺼지지 않았고 쥐도 더 오래 살았다. 그는 이 실험을 통해 촛불을 오래 태우고 쥐를 오래 살게 하는 데 식물이 중요한 역할을 한다는 것을 알았다.

프리스틀리의 실험으로 식물은 동물이 살아가는 데 어떤 도움을 준다는 것을 알게 되었고, 또 산소를 발견하는 계기가 마련되었다.

1779년 네덜란드의 잉겐호우스는 프리스틀리의 생각을 발전시켜 산소가 나오려면 식물이 빛을 받아야 하며 이때 식물의 녹색 조직이 필요하다는 것을 밝혔다. 1782년 스위스의 제네비어는 산소와 더불어 이산화탄소가 필요하다는 것을 알렸다.

1804년 스위스의 소쉬르는 녹색 식물의 광합성에서, 물이 이산화탄소와 더불어 유기물의 합성에 사용되고 있다는 것을 발견하였다. 1845년에는 광합성 과정 중에 빛 에너지가 화학 에너지로 바뀐다는 것이 밝혀졌다.

You Know What?

밤에도 잠을 안 자는 식물들

 광합성은 반드시 빛이 있어야만 할 수 있다. 그런데 밤에도 광합성을 하는 식물이 있다면 믿겠는가? 놀랍게도 사막의 식물들은 밤에도 광합성을 한다고 한다.
 밤에 광합성을 하는 식물이 있다고 치자. 그런데 밤에는 햇빛이 없는데 어떻게 광합성을 한단 말인가? 사실 광합성 과정은 간단히 한 번에 이루어지는 것이 아니라 두 단계를 거쳐 일어난다. 처음 단계는 빛이 있는 상태에서 빛에 의해 물이 분해되어 산소가 만들어지는 과정이다. 이때 에너지가 만들어진다. 이후의 단계부터는 빛이 필요 없다. 1단계에서 만들어진 에너지와 기공을 통해 받아들인 이산화탄소를 결합해 포도당을 만들어 낸다.
 그런데 물이 절대 부족한 사막 식물들은 햇빛이 강한 낮에 기공을 열면 내부의 수분을 빼앗기는 치명적인 결과를 가져온다. 그래서 생존 전략의 일환으로 밤에 기공을 열어 이산화탄소를 받아들인다. 그리고 이것을 저장해 놓았다가 낮에 다시 꺼내 포도당을 합성한다. 결국 식물이 살기에 극한 조건인 사막에서는 살아남기 위해 밤에 광합성을 하는 것이다.

줄기와 뿌리 11

중학교 2 과학
4. 식물의 구조와 기능 / 물과 무기 양분의 흡수와 이동

뿌리처럼 생긴 줄기

당근, 죽순, 토란, 연근 중에서 줄기가 아닌 것은 어느 것일까? 당근을 제외한 나머지는 모두 줄기다. 죽순은 갓 나온 어린 줄기고, 토란과 연근은 땅속을 기는 줄기다.

흔히 줄기라고 하면 곧게 쭉쭉 뻗은 것을 떠올리는데, 이것들은 오히려 뿌리 같아 보여 헷갈리게 한다. 그러나 분명히 줄기다. 이처럼 줄기는 모양이 일정하게 정해진 것이 아니라, 식물의 종류에 따라 다양하다는 사실을 알아 둬야 한다.

줄기는 위로 쭉쭉 뻗은 것만 있는 게 아니라, 땅 위를 기는 줄기, 덩굴처럼 뻗어 가는 줄기 등 그 종류가 매우 다양하다. 이러한 줄기는 뿌리와 잎 사이에서 중요한 역할을 담당하고 있다.

줄기는 물과 양분이 지나가는 길을 제공하며, 몸체를 지탱해 주는 역할을 한다. 뿐만 아니라 때로는 양분을 저장하는 기능도 한다.

줄기의 종류
- 곧은줄기 : 은행나무, 대나무, 해바라기 등.
- 기는줄기 : 딸기, 고구마 등.
- 덩굴줄기 : 담쟁이덩굴, 나팔꽃 등.
- 땅속줄기 : 연, 고사리, 감자, 백합, 양파 등.

줄기의 기능
- 관다발을 통한 물과 양분의 이동 통로의 역할을 한다.
- 잎과 꽃을 달며 식물체를 지탱한다.
- 호흡을 하고 양분을 저장하는 역할을 한다.

줄기 속은 어떤 모습일까

줄기 속은 어떻게 생겼을까? 줄기를 단면으로 잘라 놓으면 아래 그림과 같은 모양이다. 줄기의 속은 물과 무기 양분이 지나다니는 길로 꽉 차 있는 느낌이다.

▶ 쌍떡잎식물 줄기의 단면

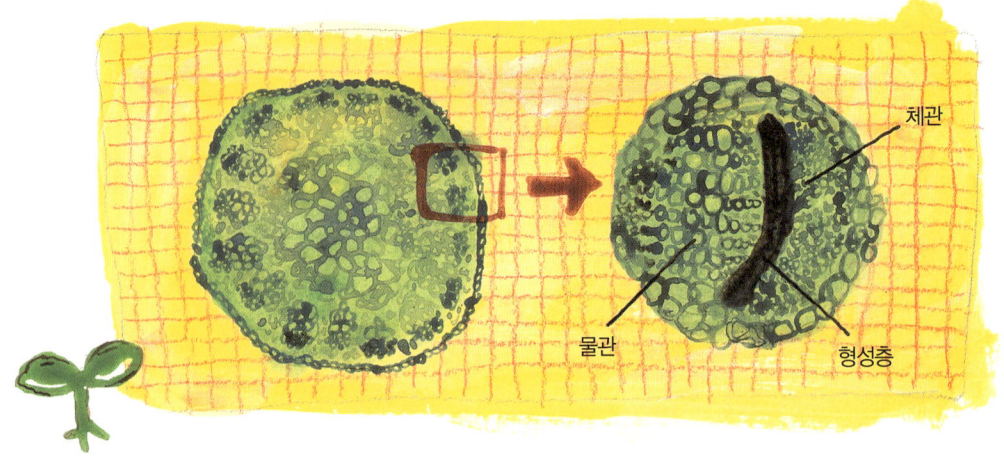

체관부
잎에서 광합성으로 만들어진 유기 양분을 운반하는 통로로, 여러 개의 체관이 모여 이루어진다.

물관부
뿌리에서 흡수한 물과 무기 양분이 지나는 통로로, 여러 개의 물관이 모여 이루어진다.

형성층
물관부와 체관부 사이에 있는 분열 조직으로 세포를 분열시켜 줄기를 굵게 만든다.

물관
뿌리에서 흡수한 물과 무기 양분의 이동 통로. 죽은 세포가 위아래로 연결되어 있다.

체관
광합성을 통해 만들어진 유기 양분이 이동하는 통로.

생장점
식물의 길이를 자라게 하는 세포 분열 조직.

형성층
식물의 부피를 자라게 하는 세포 분열 조직.

뿌리가 열심히 흡수한 물과 무기 양분들은 잎까지 가야 한다. 광합성에도 사용되고 식물이 자라게 하는 부위에도 사용되기 위해서다. 이 물과 무기 양분이 지나가는 길이 바로 물관이다.

물관은 죽은 세포의 세포벽이 위아래로 연결되어 대롱 모양을 이루고 있어 물을 운반할 수 있다. 체관은 잎에서 만들어진 양분들을 필요한 각 기관으로 전달한다. 체관은 살아 있는 세포로 이루어져 있으며, 세포벽에는 체처럼 구멍이 나 있다. 특히 체관 세포의 위아래 세포벽에는 체판이라고 하는 큰 구멍이 나 있는데, 바로 이 체판의 구멍을 통하여 물질의 이동이 일어나는 것이다.

줄기는 이와 같이 식물이 활동하는 데 필요한 물질들이 이동하는 길을 제공하는 역할을 한다.

관다발

물관과 체관이 여러 개 모여 다발을 형성한 것. 관다발은 뿌리에서 잎까지 연결되어 있다.

무엇이 줄기를 자라게 하는 걸까

둘레가 엄청나게 굵은 고목나무를 본 적이 있을 것이다. 이런 나무를 볼 때마다 오랜 세월 동안 살아왔다는 게 신기하고, 또 '저 나무는 어떻게 저렇게 자랄 수 있었을까?'라는 의문이 생기기도 한다. 나무가 굵어지는 것은 바로 물관과 체관 사이에 있는 형성층 때문이다. 이것은 부름켜라고도 부른다.

식물의 키나 굵기가 자랄 수 있는 것은 세포 분열이 계속 일어나기 때문이다. 먼저 식물의 키가 자라는 것은 뿌리나 줄기 끝에 생장점이 있기 때문이며, 식물의 굵기가 계속 굵어지는 것은 바로 형성층이 있기 때문이다.

이러한 생장점과 형성층에서는 세포 분열이 왕성하게 일어나 식물을 자라게 한다.

아래 그림을 보자.

▶ **외떡잎식물 줄기의 단면**

이것 역시 식물 줄기의 단면 모습인데, 앞에서 본 것과 모양이 많이 다르다. 물관과 체관의 모습도 앞의 것보다 무질서하게 이리저리 널려 있는 것처럼 보이고, 형성층도 보이지 않는다.

앞에 나온 그림은 나무와 같은 쌍떡잎식물의 줄기 단면 모습이고, 지금 보는 것은 풀이나 옥수수와 같은 외떡잎식물의 줄기 단면 모습이다.

두 식물의 가장 큰 차이는 쌍떡잎식물에는 형성층이 있고, 외떡잎식물에는 형성층이 없다는 것이다.

쌍떡잎식물, 자운영

풀이 더 굵어지지 않는 이유

외떡잎식물에는 어떤 것들이 있을까? 일반적으로 벼, 보리, 옥수수 등과 우리가 알고 있는 대부분의 풀이 여기에 해당한다. 이것들을 자세히 보면 줄기의 굵기가 더 이상 굵어지지 않는다는 사실을 발견할 수 있다. 이들이 더 이상 굵어지지 않는 것은 형성층을 갖고 있지 않기 때문이다.

물론, 외떡잎식물에 형성층이 없다고 생장점까지 없는 건 아니다. 이 생장점에 의한 성장으로 어느 정도까지는 길이와 굵기가 커진다.

그러나 굵기의 경우는 어느 한계에 도달하면 형성층의 도움 없이는 더 이상 굵어지지 않는다. 반면에 쌍떡잎식물은 형성층이 있기 때문에 얼마든지 줄기가 굵어질 수 있다. 물론 이것은 환경에 따라 달라지기도 한다.

하지만 일반적으로 식물학자들이 풀과 나무를 구분할 때 줄기에 형성층이 있으면 나무로, 형성층이 없으면 풀로 분류한다고 한다.

외떡잎식물, 벼

수염뿌리·곧은뿌리

수염뿌리를 가진 외떡잎식물은 대부분 1년만 사는 풀이고, 곧은뿌리를 가진 쌍떡잎식물은 여러 해를 사는 풀이나 나무이다.

세포 분열

하나의 세포가 둘로 나누어지는 현상. 세포 분열의 결과 세포 수가 늘어나 생물은 생장하게 된다.

뿌리의 구조

뿌리의 생김새는 식물의 종류에 따라 다르다. 외떡잎식물의 뿌리는 주로 수염뿌리이고, 쌍떡잎식물의 뿌리는 곧은뿌리이다.

수염뿌리는 원뿌리와 곁뿌리의 굵기, 길이가 비슷하여 수염처럼 생긴 뿌리를 말한다. 파뿌리가 수염뿌리에 해당된다.

곧은뿌리는 인삼처럼 가운데에 굵은 뿌리가 있고, 그 원뿌리에서 수많은 곁뿌리가 가지를 뻗어 자라는 것이다.

뿌리의 끝에는 생장점이 있어서 왕성한 세포 분열을 하여 뿌리를 자라게 한다. 생장점의 바깥쪽에는 생장점을 감싸 보호하는 뿌리골무가 있다. 뿌리의 표면을 자세히 보면 솜털 같은 뿌리털이 나 있다. 뿌리털은 한 개의 표피 세포가 가늘고 길게 변해서 튀어나온 것으로, 물을 흡수하는 부분이다. 뿌리털은 세포막이 얇아서 물을 잘 흡수할 수 있으며 뿌리의 표면적을 넓혀 물의 흡수를 돕는다.

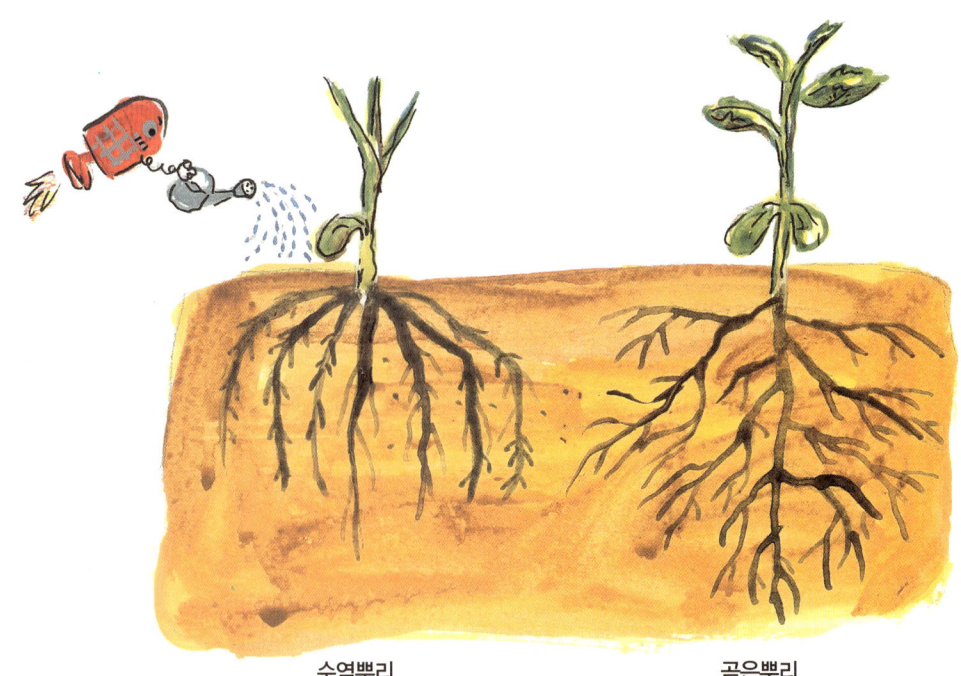

수염뿌리   곧은뿌리

▶ 뿌리의 단면

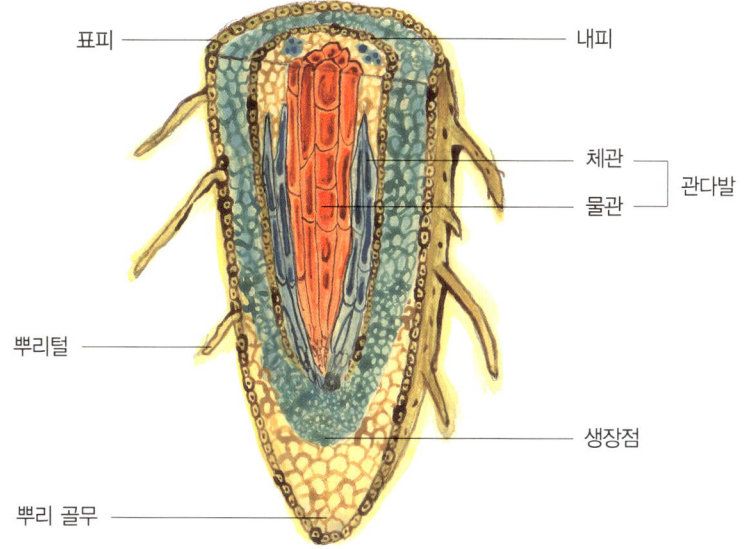

뿌리를 가로로 잘라 관찰해 보면, 바깥쪽으로부터 표피, 피층, 내피, 관다발로 구성되어 있다. 표피는 가장 바깥쪽에 있는 세포층으로 뿌리를 보호하는 역할을 한다. 식물의 피부라고도 할 수 있으며 이 중 일부가 뿌리털로 변형되는 것이다.

피층은 표피 안쪽에 위치한 여러 겹의 세포층이며, 피층의 가장 안쪽에 있는 하나의 세포층은 내피라고 한다.

관다발은 식물체에 물과 양분을 공급하는 일을 한다. 인체에 비유했을 때 혈관과도 같은 역할을 하는 곳이다. 관다발은 물관과 체관으로 이루어져 있는데, 물이 이동하는 관을 물관, 양분이 이동하는 관을 체관이라고 한다.

뿌리가 하는 일

뿌리는 식물의 몸체를 지탱해 주는 역할을 한다. 아무리 잎이 무성하

선택적 투과성

세포막은 물질을 선택적으로 통과시켜 원형질의 물질 조성을 일정하게 유지시킨다. 세포막의 이러한 성질을 선택적 투과성이라고 한다.

뿌리털이 물과 양분을 흡수하지!

고구마와 감자의 정체

우리가 먹는 고구마, 감자 같은 것도 뿌리일까? 고구마는 양분이 뿌리에 저장된 경우로, 뿌리이다. 그런데 감자의 경우는 뿌리가 아니다. 식물 중에는 줄기가 땅속으로 뻗는 경우가 있는데 감자가 그런 경우다. 따라서 감자의 경우는 줄기를 먹는 셈이다.

고 줄기가 튼튼한 식물이라 해도 땅속에 있는 뿌리가 약하면 금세 시들어 버린다. 그리고 뿌리는 식물의 생명 유지에 필수적인 물과 양분을 빨아들이는 중요한 역할을 한다. 움직이지 못하는 식물에게는 뿌리를 더욱 깊고 넓게 뻗는 일이 중요하다.

뿌리는 어떻게 물과 양분을 흡수할까?

물과 양분은 앞에서 이야기한 대로 뿌리털에서 흡수된다. 식물에는 동물처럼 힘을 낼 수 있는 근육이 없으므로 동물과 같은 방식으로 물과 영양소를 소화하지 못한다. 대신, 물과 양분을 빨아들이는 식물만의 독특한 방식을 가지고 있다.

그렇다면 뿌리의 표피 세포와 흙 중에서 어느 쪽이 더 농도가 높을까? 얼핏 흙이라고 생각되기 쉽지만 같은 부피 속에 녹아 있는 물질을 비교해 보면, 뿌리털 세포에 더 많은 물질들이 녹아 있다.

식물의 세포막은 반투과성의 특징을 가지고 있다. 즉, 물 분자처럼 크기가 작은 분자는 자유롭게 통과할 수 있지만 영양소처럼 부피가 큰 물질은 막을 통과하지 못하는 성질을 가지고 있다. 그래서 세포막을 경계로 양쪽의 농도가 서로 다를 경우 농도가 낮은 쪽의 물이 농도가 높은 쪽으로 이동하게 된다. 농도를 높게 하는 성분은 대체로 막을 통과할 수 없기 때문에 대신 물이 이동하는 것이다.

다음 그림을 보면 이런 성질을 쉽게 이해할 수 있을 것이다. 투명한 컵 한가운데에 반투과성 막을 설치해 놓고 양쪽에 서로 농도가 다른 소금물을 둔다. 시간이 지나면 물의 높이가 달라지는 것을 볼 수 있는데, 이 현상은 두 소금물 농도의 평형을 위해 물질 이동이 이루어졌기 때문

▶ **소금물의 삼투 현상**
농도가 낮은 쪽의 물이 농도가 높은 쪽으로 이동해 농도의 균형을 맞춘다.

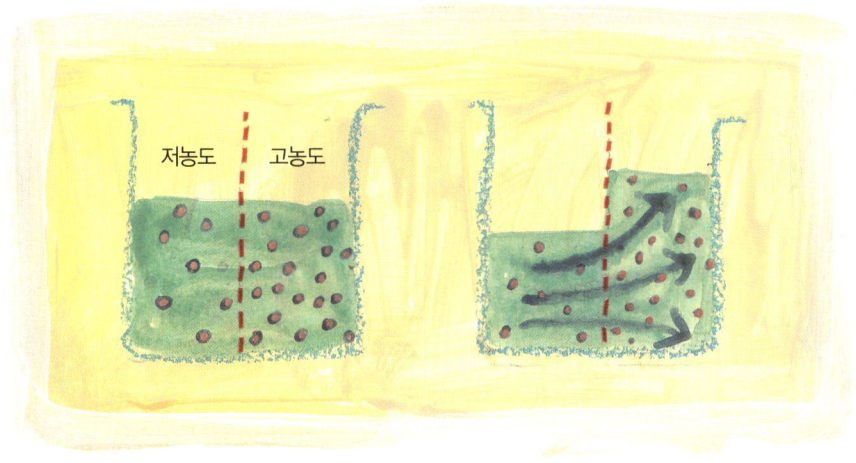

이다. 소금이 고농도의 소금물에서 저농도의 소금물 쪽으로 이동해도 양쪽의 농도는 같아지겠지만, 소금은 크기가 큰 분자라 대신 물이 이동한 것이다. 이것을 삼투 현상이라고 한다.

다시 말해 뿌리털 안은 농도가 높은 반면, 흙은 농도가 낮다. 이때 농도의 균형을 맞추기 위해 흙 속에 있는 물 분자는 뿌리털의 세포막을 거쳐 물 분자가 상대적으로 적은 뿌리 내부로 들어온다. 이처럼 농도가 낮은 흙 속의 물이 농도가 높은 뿌리 쪽으로 이동하는 삼투 현상이 일어난다. 배추 김치를 담글 때 배추를 소금에 절이는 것도 삼투 현상을 이용한 것이다. 배추를 소금물에 담그면 배추는 농도가 낮고, 소금물은 농도가 높으므로 배추에서 소금물 쪽으로 물이 이동하여 배추 안의 물이 빠지게 되는 것이다.

그 밖에도 식물의 뿌리에서는 표피 세포의 얇은 벽을 통해 기체 교환이 일어나서 호흡을 할 수 있으며, 뿌리에 양분을 저장하기도 한다.

삼투 현상

반투막(세포막)을 사이에 두고 저농도에서 고농도로 물이 이동하는 현상.

식물도 영양분이 필요하다

물을 주고 햇빛을 비춰 주는데도 식물이 말라 죽는다. 왜 그럴까?

그림의 A는 보통의 양분이 다 들어 있는 물에서 키운 것이고 B, C는 각각 칼슘, 마그네슘을 제거한 물에서 키운 경우다.

그런데 왜 이런 결과가 나온 것일까? 단, 한 개의 원소만 제거했을 뿐인데!

이것은 식물도 자라는 데 꼭 필요한 양분이 있다는 사실을 알려 준다. 즉, 식물도 사람처럼 양분을 골고루 필요로 한다는 이야기다.

식물이 생장하기 위해서는 탄소, 수소, 산소, 질소, 인, 황, 칼슘, 칼륨, 마그네슘, 철 등이 반드시 필요하다는 것이 알려졌다. 이 중에서 탄소, 수소, 산소는 비교적 많은 양이 필요한 원소로, 식물이 스스로 얻을 수 있다. 탄소는 이산화탄소의 형태로 잎의 기공으로 흡수되고, 수소는 물의 형태로 뿌리에서 흡수된다.

산소는 이산화탄소와 물의 형태로 잎의 기공과 뿌리에서 모두 흡수된다. 그 밖의 나머지 원소들은 이온 상태로 물에 녹아 있다가 뿌리를 통해 물과 함께 흡수된다.

비료를 너무 많이 주면

비료에는 식물의 생장에 필요한 물질들이 들어 있어서 식물을 잘 자라게 한다. 하지만 너무 많이 주면 흙의 농도가 진해지면서 삼투 현상이 일어나 물이 흙 쪽으로 빠져나와 식물이 말라죽게 된다.

세상에서 가장 오래된 나무

우리나라에서 가장 오래된 나무는 1,000년 정도 된 것으로 추정한다. 그럼 세상에서 가장 오래된 나무는 나이가 얼마나 될까? 미국 캘리포니아의 비숍 근처에 있는 화이트 산에는 지구에서 가장 오래된 나무인 '므두셀라'가 살고 있다. 이 나무는 소나무의 일종으로 무려 4,900년이나 되었다고 한다.

이 나무는 너무 오래 살고 있기 때문에, 성경에 나오는 인물로 무려 969살까지 산 것으로 기록되어 있는 므두셀라의 이름을 따서 '므두셀라'라고 부른다고 한다.

므두셀라 나무에게도 형성층이 있어 굵기가 계속 굵어진다. 그러면 4,900년이나 굵어졌으니 지금은 엄청나겠다고? 아니다. 이 나무는 아주 더디게 자라기 때문에 100년 동안에 고작 3cm밖에 굵어지지 않는다고 한다.

이렇게 오래된 나무들은 보통 속이 텅 비어 있다. 나무가 굵어지는 것은 나무 껍질 바로 아래의 형성층에서 새로운 세포를 계속 만들어 내기 때문이다. 따라서 나무는 몸통 안쪽에 있는 것일수록 오래된 세포다. 그런데 오래된 세포는 시간이 지나면 죽게 되므로, 그 속에 여러 균들이 서식하게 되고, 결국 중심부는 썩어 구멍이 나게 된다. 그래서 대부분의 고목들은 속이 썩어 텅 빈 채로 살아가는 것이다.

잎의 구조와 기능 12

뭐야, 이건! 가시도 아니고 잎도 아닌 것이 사람을 찌르는 거야. 아야야~

중학교2 과학
4. 식물의 구조와 기능 / 광합성과 호흡
고등학교 생물 II
2. 물질 대사 / 광합성

증산 작용

식물체 내의 물이 수증기의 형태로 몸 밖으로 빠져나가는 작용. 증산 작용을 통해 액체가 기체로 상태 변화하는 기화가 일어나게 될 때 주변의 열을 사용하여 온도가 낮아진다. 증산 작용은 식물의 체온과 체내 수분량 조절을 담당하고 있다.

증산 작용의 의의

- 식물체의 체온을 조절하는 작용을 한다.
- 뿌리에서 물과 무기 양분이 흡수될 수 있게 하는 원동력이 된다.

물을 끌어올릴 수 있게 하는 증산 작용

선인장 가시의 정체는 무엇일까? 이 가시는 식물의 어느 부분에 해당할까?

놀랍게도 선인장의 가시는 잎이 변해서 된 것이다. 이렇게 잎이 가시로 변한 이유는 사막이라는 극한 조건에서 살아남기 위해서이다. 하지만 선인장 가시는 잎의 역할은 거의 못 한다.

그러면 보통의 잎들이 하는 역할에는 무엇이 있을까?

잎은 우선 식물을 먹여 살리기 위해 광합성을 한다. 그래서 식물이 먹고 살 양분을 만들어 여러 조직들에게 나눠 준다.

또한, 잎은 증산 작용을 한다. 증산 작용이란 뿌리에서 흡수한 물을 잎까지 끌어올려 다시 공기 중으로 내보내는 일을 말한다. 놀라운 사실은 뿌리가 흡수한 물의 대부분이 공기 중으로 빠져나간다는 것이다. 그리고 남은 양의 물로 식물은 광합성도 하고 또 다른 필요한 곳에 쓴다.

그런데 왜 그 귀한 물을 공기 중으로 다 날려 버리는 걸까? 또, 무슨 힘이 있기에 잎은 뿌리의 물을 잎까지 끌어올릴 수 있단 말인가?

잎의 구조 들여다보기

누구나 한 번쯤은 잎을 따서 살펴본 적이 있을 것이다. 이때 잎의 모양을 관찰해 보면 아래 그림처럼 무엇인가 뻗어 있는 것을 볼 수 있다.

▶ 잎의 구조

잎의 구조

잎의 겉면에는 한 층으로 된 표피 조직이 있다. 그 안쪽으로 책상 조직과 해면 조직이 있는데, 책상 조직은 길쭉한 세포들이 빽빽하게 배열되어 있고, 해면 조직은 둥근 세포들이 엉성하게 배열되어 있다. 책상 조직과 해면 조직에는 엽록체가 많아서 광합성이 활발하게 이루어진다.

바로 줄기에서 뻗어 나온 물관과 체관이다. 이것을 잎맥이라고 하는데, 줄기에서 올라온 물과 양분의 이동 통로이다.

또한, 잎의 뒷면을 현미경으로 들여다보면 공기의 통로가 되는 기공을 볼 수 있다. 기공은 식물의 숨구멍에 해당하는 것으로, 이곳을 통하

그물맥(쌍떡잎식물)

나란히맥(외떡잎식물)

여 공기가 들어오고 나간다.

식물의 종류에 따라 잎의 모양은 매우 다양하지만 크게 두 가지로 나눌 수 있다. 앞의 사진처럼 잎맥의 모양이 그물처럼 생긴 것과 나란하게 쭉쭉 뻗은 모양을 볼 수 있다. 주로 쌍떡잎식물은 그물 모양이고 외떡잎식물은 나란한 모양이다.

또, 잎은 대부분 녹색을 띠는 것이 많은데, 이것은 잎을 이루는 세포 속에 엽록소라는 녹색 색소가 다량으로 들어 있기 때문이다.

뿌리에서 잎까지

뿌리에서 흡수한 물이 어떻게 나무 꼭대기에 있는 잎까지 올라갈 수 있는 걸까? 앞에서 뿌리가 빨아들이는 힘으로 높은 곳까지 올라간다고 했었는데, 아무리 생각해도 그것만으로는 부족할 것 같다. 사실 뿌리가 빨아들이는 힘으로는 도저히 물이 나무 꼭대기까지 올라갈 수가 없다. 그래서 여기에서 잎도 중요한 역할을 하게 된다.

식물 잎 뒷면에는 기공이 있는데 이 구멍을 통해 뿌리에서 올라온 물을 공기 중으로 내보낸다. 햇빛이 강하거나 바람이 많이 불수록 더 많은 물을 밖으로 내보낸다. 큰 식물들은 하루에 수백 리터의 물을 내보낸다고 한다. 이것을 증산 작용이라고 하는데, 뿌리의 물을 끌어올리는 데 아주 중요한 역할을 한다.

잎의 기공을 통해 증산 작용이 일어나면 부족한 물을 보충하기 위해 뿌리와 줄기 속에 있는 물관을 통해 물이 물 기둥을 이루면서 올라오게 된다. 이와 같이 증산 작용은 뿌리에서 흡수된 물이 위로 올라갈 수 있는 원동력이 된다.

물이 높은 곳까지 올라가는 데는 이 밖에도 물 분자 사이의 응집력과 물 분자와 세포벽 사이의 부착력, 뿌리에서 물을 흡수할 때 생기는 뿌리압 등 여러 가지 힘이 함께 작용한다.

응집력

원자, 분자 또는 이온 사이에 작용하여 고체나 액체 따위의 물체를 이루게 하는 인력을 말한다.

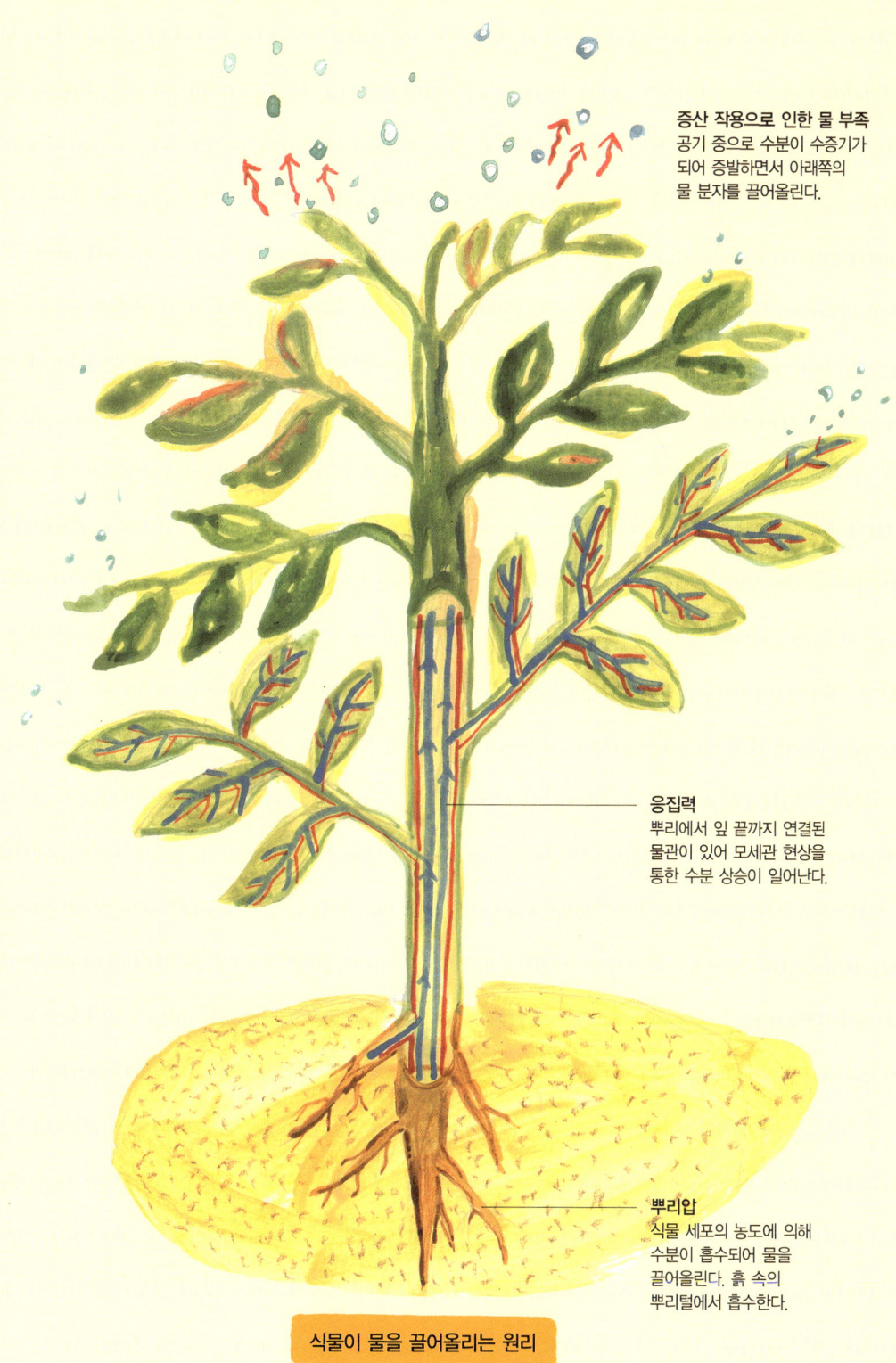

식물이 물을 끌어올리는 원리

모세관 현상

액체 속에 폭이 좁고 긴 관을 넣었을 때, 관 내부의 액체 표면이 외부의 표면보다 높거나 낮아지는 현상을 말한다.

뿌리와 잎의 힘만으로는 모자란다

뿌리의 물을 저 높은 곳까지 끌어올리는 데는, 뿌리가 빨아들이는 힘과 잎이 끌어올리는 힘만 가지고는 부족하다.

그래서 이용되는 것이 모세관 현상이다.

▶ 모세관 현상

그림을 보면 관의 굵기가 가늘수록 물은 더 높이 빨려 올라온다. 좀 더 쉽게 설명하자면, 빨대로 음료수를 마실 때 빨대가 굵으면 빨아올리기가 쉽지 않다. 그러나 반대로 빨대가 아주 가늘면 빨아올리기가 훨씬 쉬워진다. 이처럼 가는 관과 같은 통로를 따라 액체가 올라가거나 내려가는 것을 모세관 현상이라고 한다.

식물체 안에는 뿌리에서 줄기를 거쳐 잎까지 연결된 물관이 있다. 물관은 지름이 약 75㎛로 너무 가늘어 눈으로는 볼 수 없다. 이처럼 식물은 물관의 지름이 매우 작기 때문에 모세관 현상으로 물을 끌어올리는 힘이 생긴다.

나뭇잎의 수명

　일반적으로 나뭇잎은 풀잎보다 수명이 길다. 상수리나무, 참나무와 같은 낙엽 활엽수나 낙엽송, 메타세콰이어 같은 침엽수의 잎은 수명이 6개월 가량이며, 소나무, 잣나무와 같은 상록 침엽수 잎의 수명은 2년 반 정도이다.

　잎의 수명이 긴 것으로는 주목, 전나무, 구상나무 같은 것이 있다. 성장한 구상나무의 잎은 수명이 5년 정도이고, 숲 속 음지에서 자라는 어린 나무는 10년 동안이나 잎이 살아 있는 경우도 있다.

　나무에 따라 잎의 수명이 다른 이유는 아직 확실하게 밝혀지지 않고 있지만 일반적으로 잎의 수명이 짧을수록 광합성 효율이 높고, 수명이 길수록 광합성 효율이 낮은 경향이 있는 것으로 밝혀졌다.

　또한 같은 종류의 나무라도 햇볕이 잘 드는 양지에서 자라는 나무는 음지에서 자라는 나무보다 광합성 효율이 높다. 그 대신 잎의 수명은 짧다.

나뭇잎은 왜 떨어질까?

　해마다 가을이 찾아오면 어김없이 나뭇잎이 떨어진다. 그리고 나무는 벌거벗은 채로 겨울을 맞이한다. 그런데 이 현상을 가만히 생각해 보면 참 이상하다. 겨울이 오면 더 추워지는데, 왜 나무는 입고 있는 옷(잎)을 모두 벗어 버리는 걸까?

　여름이 지나고 가을이 되면 서서히 햇빛의 양이 줄어든다. 그리고 겨울이 되면 그 양은 급격히 줄어든다. 나무가 살기 위해서는 광합성을 통해 양분을 만들어야 하는데, 겨울에는 이 햇빛의 양이 턱없이 부족해 양분을 만들어 살아가기가 쉽지 않다. 그래서 나무는 겨울을 미리 대비하기 위해 가을부터 잎을 떨어뜨릴 궁리를 하기 시작하는 것이다.

　그리고 여기에 잎이 모든 희생을 감수하고 떨어진 것이 바로 낙엽이다. 이렇게 해서 나무는 잎을 모두 떨어뜨리고 최소한의 에너지로 겨울을 날 준비를 완료하는 것이다. 그런데 이때 낙엽은 어떤 원리로 생기는 걸까?

　나무는 먼저 주위 환경의 변화를 아브시스산이라는 식물 호르몬을 통해 감지한다. 그리고 잎을 떨어뜨리기 위해 잎자루와 가지가 붙어 있는 부분에 '떨켜'라는 특별한 조직을 만든다. 이 떨켜가 자라 결국에는 잎을 떨어지게 한다. 나뭇잎은 겨울이 오기 전에 모두 떨어지고 나무는 깊은 겨울잠에 들어간다. 마치 겨울잠을 자는 동물들처럼.

그런데 모든 나무가 다 가을에 잎을 떨어뜨리는 것은 아니다. 밤나무나 떡갈나무 같은 나무는 떨켜를 만들 줄 모른다. 본래 더운 지방 식물이었기 때문에 이들 나무는 겨울이 되어 잎이 갈색으로 변하고 바싹 마르더라도 가지에 붙어 있다가, 겨울의 강풍에 조금씩 떨어지게 된다.

또한, 우리 주위에는 사시사철 푸른 잎을 지니고 있는 대나무나 소나무 같은 것도 있다. 그러나 이들 식물도 봄이 되어 새 잎이 생기면, 낡은 잎은 떨어져 나간다. 이 세상에 영원한 잎이란 없다!

꽃과 열매 13

중학교2 과학
4. 식물의 구조와 기능 / 꽃과 열매

꽃은 누구를 위하여 필까

봄을 맞은 공원에 가 보면 형형색색 아름다운 꽃들이 우리를 반긴다. 만약 세상에 꽃이 없다면 얼마나 삭막할까? 그런데 꽃은 왜 피는 걸까? 설마 사람들을 즐겁게 해 주려고 피는 건 아니겠지.

또 시골 과수원에 가 보면 감나무에 감이 주렁주렁, 사과나무에 사과가 주렁주렁 매달린 것을 볼 수 있다. 그럼 열매는 왜 열리는 걸까?

세상에 존재하는 모든 생물은 번식을 통하여 대를 이어 간다. 동물은 알을 낳거나 새끼를 낳아 대를 이어 가지만 식물은 꽃을 피우고 열매를 맺는 방법으로 대를 이어 간다. 물론 우리는 식물이 선사하는 꽃과 열매를 즐기지만, 식물은 나름대로의 생존 본능에 의해 오늘도 변함없이 꽃을 피우고 열매를 맺으며 살아가고 있는 것이다.

꽃의 구조

- 암술 : 수술의 꽃가루를 받아 열매를 만드는 곳으로, 암술머리, 암술대, 씨방으로 되어 있다. 암술머리는 꽃가루가 붙기 쉽게 끈적끈적하며, 씨방 속에는 밑씨가 들어 있다.
- 수술 : 꽃가루를 만드는 기관으로 꽃밥과 수술대로 되어 있으며, 꽃밥 속에는 많은 꽃가루가 들어 있다.
- 꽃잎 : 암술과 수술을 싸서 보호하며, 보통 아름다운 색깔을 띠고 있다.
- 꽃받침 : 꽃의 가장 바깥 부분으로, 꽃잎을 받쳐 보호한다.

아름다움의 극치, 꽃

아름다운 색깔과 모양, 향기로 인류에게 오랫동안 사랑을 받아 온 꽃은 식물의 생식 기관에 해당한다. 꽃 속에 들어 있는 암술, 수술은 식물

▶ 꽃의 구조

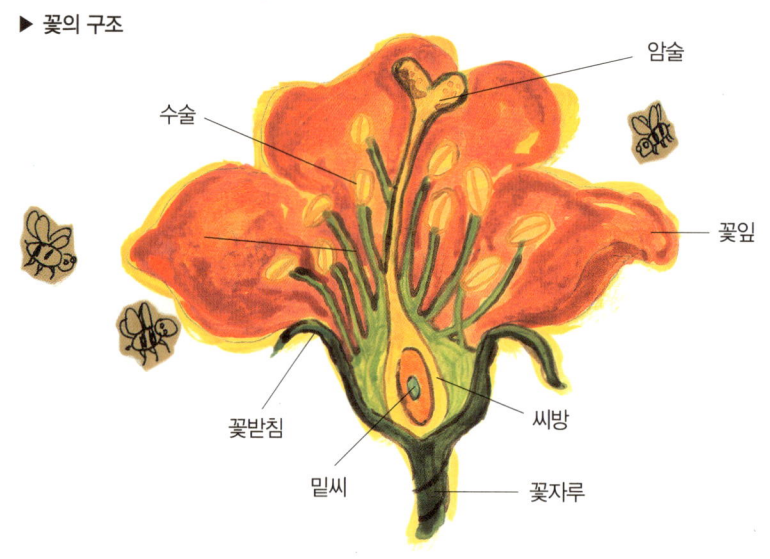

갈래꽃인 할미꽃

통꽃인 나팔꽃

이 대를 이어 가기 위해 씨를 만드는 중요한 역할을 한다.

꽃은 또한 우리가 감탄사를 연발할 만한 아름다운 꽃잎과 꽃받침도 가지고 있다. 꽃잎이나 꽃받침은 곤충을 불러들이거나 속에 있는 것을 보호하는 역할을 한다.

꽃은 모양이나 색깔에 따라 여러 종류로 나뉜다.

그중 대표적인 구분으로, 꽃잎이 통으로 되어 있는 통꽃과 꽃잎이 하나씩 떨어져 있는 갈래꽃이 있다.

암술과 수술의 러브 스토리

식물의 수정은 수술의 꽃가루가 암술과 만나면서 이루어진다. 이것을 수분이라고 한다. 그런데 이 둘의 애틋한 러브 스토리는 꽤 흥미진진하다.

먼저, 이 둘의 만남을 이루기 위해 벌이나 나비가 이용되는 경우다.

갖춘꽃·안갖춘꽃

암술, 수술, 꽃잎, 꽃받침을 모두 가지고 있는 꽃을 갖춘꽃이라고 하며, 이 중 한 가지라도 없으면 안갖춘꽃이라고 한다.

화분

꽃가루라고도 한다. 종자식물의 수술의 꽃밥 속에 들어 있는 꽃의 가루. 바람, 물, 곤충 따위를 매개로 암술머리에 운반된다.

수분

수술의 꽃밥에서 만들어진 꽃가루가 암술머리에 붙는 것으로, 꽃가루받이라고도 한다.

곤충의 몸에 수술의 꽃가루가 묻은 뒤, 다시 꽃의 암술에 앉을 때 수정이 이루어진다. 이때 꽃들은 아름다운 빛깔의 꽃잎이나 꿀, 달콤한 향기로 곤충을 유혹한다. 이런 식으로 수정하는 꽃들을 충매화라 하며, 개나리, 달맞이꽃 등 대부분의 꽃들이 여기에 해당한다.

또한, 꽃가루를 바람에 날려서 이동시켜 수정하는 경우도 있다. 그런데 이 방법을 사용하는 꽃들에겐 다 그럴 만한 사정이 있다. 달콤한 꿀도 없고, 향기도 나지 않으며, 빛깔도 화려하지 않기 때문이다. 대신 이런 식물들은 많은 양의 가벼운 꽃가루를 만든다. 이런 방법을 사용하는 식물을 풍매화라 하며, 소나무, 은행나무 등이 여기에 해당한다. 이 식물들의 꽃은 작고 수수해서 관심을 갖고 찾아보지 않으면 발견하기 어렵다.

새의 도움을 받아 수분을 하는 경우도 있다. 꽃가루가 새에 의해 옮겨져 수정되는 것이다. 이런 꽃들은 새의 관심을 끌기 쉽도록 대개 크

기가 크며, 두드러져 보이는 빛깔을 띠고 있다. 이런 방법을 사용하는 꽃을 조매화라고 하며, 동백꽃, 선인장 등이 있다.

물의 흐름에 의해 수분되는 꽃도 있다. 붕어마름은 꽃가루가 물속에 흩어져 수분되고, 나사말은 수꽃이 피면 떨어져서 물에 떠다니고, 암꽃은 꽃대가 길게 자라서 물 위에 떠다니는 꽃가루를 받는다. 이러한 꽃을 수매화라고 한다.

꽃에서 열매가 되기까지

꽃의 수술에는 꽃가루가 있다. 이 꽃가루가 암술과 만나면 드디어 식물의 수정이 이루어진다. 마치 동물의 암컷과 수컷이 서로 교배하는 것처럼 말이다.

수정이 되고 나면 꽃잎과 수술은 시들어 떨어진다. 우리는 꽃이 지는 것을 아쉬워하지만 꽃이 지는 것은 수정이 끝났음을 알리는 신호다. 이

수정

수분이 되면 암술머리에 붙은 화분에서 화분관이 씨방을 향하여 자라 내려가 화분관 속의 정핵과 밑씨 속의 난세포가 합쳐지는데, 이것이 수정이다.

다양한 식물의 열매

- 장과 : 귤, 감, 포도처럼 살과 물이 많고 속에 씨가 있는 과실.
- 견과 : 밤, 도토리처럼 단단한 껍질로 싸여 있는 열매.
- 협과 : 완두, 팥처럼 꼬투리로 맺히는 열매.
- 삭과 : 봉선화 열매처럼 익으면 껍질이 터지면서 씨를 퍼뜨리는 씨방이 여러 개인 열매 식물의 열매.
- 수과 : 메밀처럼 엷은 껍질과 속의 종자가 붙어 1개의 씨처럼 보이는 열매.

렇게 수정이 이루어지면 암술 속 씨방에서 밑씨가 자라 드디어 씨가 만들어진다.

씨는 처음에는 작지만 성장하면서 점점 커져, 마지막에는 딱딱한 껍질에 싸인 훌륭한 씨가 된다. 동물에게는 갓 태어난 새끼가 그 동물의 미래를 이어 갈 자손인 것처럼, 식물에게는 씨가 바로 그 식물의 미래를 이어 갈 자손이 된다. 이렇게 만들어진 씨가 좋은 토양에 떨어지면 다시 싹이 트기 시작하고 새로운 식물 2세의 삶이 시작되는 것이다.

씨가 자랄 때 씨방(씨를 둘러싸고 있는 양분)도 함께 자라면 열매가 되고, 씨방의 벽은 나중에 열매 껍질이 된다. 보통 우리가 먹는 과일은 이런 과정으로 만들어진다.

그러나 모든 과일이 그런 것은 아니다. 사과나 딸기는 씨방이 아닌 꽃받침이 자라서 열매가 된 경우이다. 그래서 이들은 참열매와 반대되는 의미로 헛열매라고 부른다.

이처럼 식물이 꽃을 피우고 열매를 맺는 것은 식물들이 자신의 대를 잇기 위한 하나의 방책이다.

우리에게 약이 되는 식물들

우리는 식물로부터 많은 것들을 얻으며 살아가고 있다. 먹고 사는 데 필요한 양분은 물론이고, 호흡에 필요한 산소나 집을 짓는 데 필요한 목재, 종이의 원료가 되는 펄프까지 이루 헤아릴 수 없을 만큼 많다. 그런데 이뿐만이 아니다. 질병을 치료하는 약도 식물에게서 얻는다.

기원전부터 버드나무 껍질의 추출액은 진통, 해열제로 이용되었으며, 고대 인도나 중국, 그리스에서도 버드나무의 진통 효과는 잘 알려져 있었다.

의학의 아버지 히포크라테스는 이미 2,500여 년 전에 버드나무 껍질을 처방하였는데, 이것은 화학적으로 정제되지 않은 일종의 초창기 아스피린인 셈이었다. 이후 1897년 바이엘 사의 화학자인 펠릭스 호프만이 아스피린을 개발하는 데 성공하였다.

옛날부터 남아메리카의 원주민들은 말라리아에 걸리면 기나나무의 즙을 먹어 말라리아를 치료해 왔다. 이를 눈여겨본 에스파냐 사람들이 기나나무의 씨를 채취하여 유럽으로 가져갔다. 그들은 이 씨를 싹 틔워 나무로 자라게 한 다음, 말라리아에 걸린 많은 사람들의 생명을 구하는 데 이용하게 되었다. 그 후 기나나무는 세계 각지에서 재배되었고, 공장에서 직접 이 약용 물질을 만들기 시작하였는데, 이 약품이 키니네이다.

You Know what?

세상에 흑장미란 존재하지 않는다!

아마 꽃 중의 꽃 하면 많은 사람들이 장미를 떠올릴 것이다. 그만큼 장미는 색이 다양하고 꽃 모양이 아름다워 사람들에게 많은 사랑을 받고 있다. 그런데 우리가 가끔 쓰는 장미의 이름 중 흑장미라는 게 있다. 이름대로라면 꽃의 색깔이 검은색이라는 말인데, 과연 맞는 말일까?

장미는 원래 흰색과 붉은색만 있었다. 그런데 인공적인 방법으로 노란 장미, 분홍 장미 등 다양한 색의 장미를 만들어 냈다. 흑장미도 그중의 하나인데, 문제는 검은색의 꽃이 가능하냐는 것이다.

우리가 산이나 공원에서 봤던 꽃들의 색을 떠올려 보자. 빨강, 주황, 노랑, 초록, 파랑, 남색, 보라, 흰색……. 어, 그런데 아무리 머리를 쥐어짜 봐도 검은색 꽃은 떠오르지 않는다. 진짜 검은색 꽃은 없는 것일까? 그럼 흑장미는 어떻게 된 거란 말인가? 실제로 아직까지 검은색 꽃은 없다. 흑장미도 자세히 살펴보면 알 수 있겠지만, 검은색이 아니라 검보라색의 장미다. 언뜻 보기에 검은빛을 띠기 때문에 흑장미라고 불린 것이다.

그런데 왜 검은색 꽃은 없는 걸까? 우리가 물체의 색을 볼 수 있는 것은 그 물체가 반사하는 빛의 색을 보는 것이다. 즉, 노란색의 물체는 노란빛만 반사하기 때문에 노란색으로 보이는 것이고, 파란색의 물체는 파란빛만 반사하기 때문에 파랗게 보이는 것이다.

　꽃의 경우도 꽃잎의 색소가 이런 반사 작용을 해서 꽃의 색을 나타낸다. 그런데 검은색은 모든 색의 빛을 다 흡수할 때 나타나는 색이다. 그러나 자연에 존재하는 색소 중 아직 모든 색의 빛을 흡수할 수 있는 색소는 없다고 한다. 뭐, 앞으로 개발될지는 모르지만 말이다.

찾아보기

ㄱ

갈래꽃 141
갖춘꽃 141
개체 48
결합 조직 46
경통 28
경통 이동식 현미경 29
곧은뿌리 120
곧은줄기 116
관다발 118, 121
광학 현미경 28
광합성 38, 105
괴혈병 61
그물맥 131
근육 조직 46
기공 108, 131
기관 48, 78
기관계 48
기관지 79
기는줄기 116
기생 47
기침 78
꽃 140, 141
꽃받침 140
꽃의 구조 140
꽃잎 140
끈끈이주걱 107

ㄴ

나란히맥 131

내피 121
내호흡 88
녹말 106

ㄷ

다세포 생물 47
단백질 58
단세포 생물 47
대물 렌즈 28
덩굴줄기 116
동물 세포 37
딸꾹질 80
땅속줄기 116

ㄹ

레벤후크 27
리코펜 70

ㅁ

마이크로미터 18
말미잘 21
모세관 현상 134
무기 염류 60
무기 호흡 90
무생물 16
물 69
물관 117, 121
미동 나사 28

미생물 20
미토콘드리아 39

ㅂ

바이러스 19, 20
박테리아 19
반사경 28
발효 90
백혈구 99
벡터장 현미경 32, 33
벼 119
보몬트 71
복식 호흡 82, 83
부영양소 57, 59, 60
부패 90
비강 77
비타민 60
빈혈 70
뿌리 120, 121, 122, 123
뿌리압 133

ㅅ

산호 21
삼림욕 104
삼투 현상 123
상피 조직 46
생명 17
생물 16
생식 기관 51

생장점 121
석영수정 18
선택적 투과성 121
세균 19
세기관지 79
세포 18, 36, 37, 48
세포벽 37
세포 분열 120
세포질 37
소장 66
소화 66
수매화 143
수분(꽃가루받이) 142
수술 140
수염뿌리 120
수용성 비타민 68
수정 143
순환 기관 49
식물 세포 37
식충 식물 106, 107
신경 조직 46
십이지장 67

ㅇ
안갖춘꽃 141
암 세포 40
암술 140
얀센 26
연수 80
엽록소 132
영양 기관 51
영양소 56
외호흡 88, 89

응집력 132, 133
인공 심장 91
잎의 구조 131

ㅈ
자운영 119
재물대 28
재물대 이동식 현미경 29
재채기 78
적혈구 97, 98
전자 현미경 28
접안 렌즈 28
조동 나사 28
조리개 28
조매화 143
조직 48
조직 세포 87
주영양소 57
줄기 116
줄기 세포 41
증산 작용 130
지방 59
지용성 비타민 68

ㅊ
체관 117, 121
체지방 59
초음파 현미경 31
충매화 142

ㅌ
탄수화물 57, 58
통꽃 141
트랜스 지방 62, 63

ㅍ
파리지옥 107
폐 79, 98
폐포 79
표피 121
풍매화 142
프레파라트 28
피층 121
피톤치드 110
피하 지방 59
필수 아미노산 58

ㅎ
하비 99
핵 37, 38
헤모글로빈 98
현미경 26, 27, 28, 29
혈소판 99
혈장 97
형성층 117
호흡 76, 88, 109
호흡 기관 76
화분 142
확산 89
횡격막 79
효모 90
훅 27

상위 5% 총서
상위 5%로 가는 생물교실 1 | 기초 생물(상)

초판 1쇄 발행 2008년 1월 25일   초판 19쇄 발행 2017년 8월 10일

글 신학수, 이복영, 백승용, 구자옥, 김창호, 김용완, 김승국
그림 정민아
펴낸이 연준혁   **스콜라 부문대표** 신미희

출판 5분사 분사장 윤지현
편집 김숙영

펴낸곳 (주)위즈덤하우스 미디어그룹 • **출판등록** 2000년 5월 23일 제13-1071호
제조국 대한민국 • **주소** 경기도 고양시 일산동구 정발산로 43-20 센트럴프라자 6층
전화 (031)936-4000 • **팩스** (031)903-3891
전자우편 scola@wisdomhouse.co.kr • **홈페이지** www.wisdomhouse.co.kr

ⓒ (주)불지사, 2008
ISBN 978-89-92010-81-8 74400
ISBN 978-89-92010-77-1 (세트)

이 책은 저작권법에 따라 보호받는 저작물이므로 무단전재와 무단복제를 금지하며,
이 책 내용의 전부 또는 일부를 이용하려면 반드시 저작권자와 (주)위즈덤하우스 미디어그룹의 동의를 받아야 합니다.

* 잘못된 책은 바꿔드립니다.   * 이 책의 사용 연령은 8~13세입니다.

스콜라는 (주)위즈덤하우스 미디어그룹의 아동·청소년 브랜드입니다.

논술로 다시 읽는 기초 생물(상)

- 첫 번째 마당 – **자기 지식 재점검하기**
  키에 얽힌 비밀
- 두 번째 마당 – **능동적 읽기 태도**
  동물과 식물의 호흡

첫 번째 마당
자기 지식 재점검하기
키에 얽힌 비밀

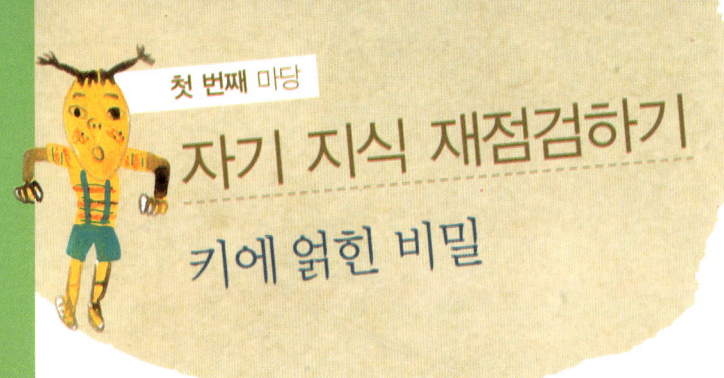

요즘 어린이들의 평균 신장은 옛날과 비교할 때 상당히 커졌습니다. 그만큼 키에 관심을 갖는 어린이도 많아졌지요.

아래 일기를 읽으며 생글이의 고민이 무엇인지 알아보세요.

> ○○○○년 ○월 ○일 수요일 날씨: 햇볕이 뜨거웠다.
>
> 제목: 키 작은 게 내 잘못이야?
>
> 오늘 학교 끝나고 집으로 오는 길에 놀이터에서 과학이와 놀았다. 그런데 계속 내 키가 작다고 놀리기에 화가 나서 쏘아붙였더니 과학이는 그냥 집으로 가 버렸다. 나는 혼자 놀기도 뭐해서 내가 좋아하는 야채 튀김이랑 오징어 튀김을 사 먹었다.
>
> 그리고 집에 왔는데 튀김을 많이 먹어서 그랬는지 밥맛도 없고 내가 좋아하는 반찬도 없어서 그냥 굶었다. 아빠랑 저녁마다 줄넘기를 하기로 했지만 오늘은 기분도 안 좋고 하기 싫어서 꾀를 부렸다.
>
> 저녁 내내 과학이가 놀리던 말이 머릿속을 떠나지 않아 지금 잠을 못 자고 있다. 아침에 학교 가려면 일찍 자야 하는데…. 벌써 새벽 두 시가 지났다.

생글이가 가진 문제점이 보이나요? 생글이가 키가 더 크고 싶다면 앞으로 어떤 일을 해야 할까요?

논술 문제 1 생글이가 더 많이 크기 위해 고쳐야 할 점을 일기에서 찾고, 적절한 해결책을 제시하시오.

우선 생글이가 가진 문제점을 함께 찾아볼까요?
첫째, 튀김 등의 인스턴트 음식을 먹는 것.
둘째, 운동을 규칙적으로 하지 않는 것.
셋째, 편식하는 것.
넷째, 잠을 일찍 자지 않는 것.
이번에는 적절한 해결책을 찾아 줘야 할 텐데 본문에서 읽은 다음 내용을 떠올리면 간단하겠지요?

자료 1

사람이 키가 크기 위해서는 수면, 영양, 운동, 바른 자세 등 4가지 조건이 필요하다. 이 조건이 갖춰질 때 성장 호르몬이 가장 잘 분비되어 키가 큰다. 그런데 과거와 현재를 비교해 볼 때 크게 차이나는 것은 영양 외에는 눈에 띄는 게 없는 것 같다. 다시 말하면, 위의 조건 중 영양이 키 크는 데 가장 기본적이고 중요한 역할을 한다는 뜻이다.

영양분이 충분히 공급되는 상황에서 바른 자세를 가지고 열심히 운동하고 잘 잔다면 우리 키는 최상으로 클 것이다.

글을 쓰기 위해 지금까지 알아본 내용을 정리해 보겠습니다. 내용을 정리해 두면 한눈에 보이니까 좋고, 글로 쓸 때 그것을 개요로 대신 사용해도 되니까 아주 편리하지요.

- 생글이가 앞으로 지켜야 할 일
  첫째, 충분한 수면을 취해야 한다.
  둘째, 규칙적인 운동을 해야 한다.
  셋째, 고르게 영양 섭취를 해야 한다.
  넷째, 바른 자세가 중요하다.

이제 위의 내용들을 중심 문장으로 삼아서 글을 쓰면 됩니다. 글은 단락과 단락이 모여서 되고, 단락은 문장과 문장이 모여서 된다는 건 상식이니 여러분에게 더 설명하지 않아도 되겠죠? 네 개의 중심 문장에 각각 보조 문장을 덧붙여서 글을 완성해 보세요.

논술 포인트

- 내용을 정리해 두면 한눈에 보이니까 좋고, 글로 쓸 때 그것을 개요로 대신 사용해도 되니까 편리하다.

예시 글

생글이뿐만 아니라 대부분의 사람들은 키가 컸으면 하고 바란다. 키가 크기 위해서는 유전적으로 타고나야 하는 것도 있지만 노력으로 조금 더 키를 크게 할 수 있다. 키를 크게 하고 싶으면 습관을 고치는 것이 중요하다.

생글이의 문제점은 고르게 영양 섭취를 하기보다는 자기가 좋아하는 음식만 먹는 것이다. 특히 튀긴 음식은 트랜스 지방이 많아 건강에 해롭다. 키 크는 데 도움이 되는 콩, 굴, 고기, 우유, 채소 등을 먹어야 하고 성장기에는 단백질을 평상시보다 3배 정도 더 섭취해야 한다.

생글이는 고민으로 잠도 잘 못 자고 운동도 꾸준히 안 하고 있다. 키가 크기 위해서는 영양분이 충분히 공급되는 상황에서 열심히 운동하고 잠을 충분히 자는 게 중요하다. 성장 호르몬은 잠이 든 지 한 시간 이후부터 네 시간 동안 가장 많이 분비된다. 뼈는 자는 동안 나오는 성장 호르몬에 의해서 90% 이상 성장한다고 한다.

그리고 바른 자세도 중요하다. 바른 자세란 긍정적으로 생각하는 정신 자세와 허리를 펴고 다니는 신체의 바른 자세를 말한다. 생글이가 과학이의 말 때문에 속상하겠지만 그렇다고 밥도 굶고 운동도 안 하고 잠도 늦게 자는 건 바람직하지 않다. 오히려 긍정적인 마음가짐으로 제 할 일을 제대로 하면서 규칙적으로 생활하는 것이 키 크는 데 도움이 된다.

이왕 건강 얘기가 나왔으니, 조금만 더 생각해 보기로 합시다. 이번에는 생글이가 좋아한다는 튀김 얘기네요.

생글이와 과학이의 이야기를 잘 읽었나요? 만화를 읽고 나니 여러분의 식생활을 좀 점검해 봐야겠다는 생각이 들지 않았나요?

특히 인스턴트 식품을 얼마나 먹었는지 생각해 보세요. 그리고 아래 글을 더 읽어 보세요.

자료 2

대부분의 인스턴트 식품은 자극적이고 염분, 동물성 단백질과 지방이 많다. 반면 비타민이나 무기 염류의 절대 부족과 몸에 해로운 첨가물 때문에 건강의 불균형을 가져오게 된다.

고른 영양 섭취를 못할 경우, 인체의 영양 균형이 깨지면서 면역 기능이 저하되어 각종 병원균이 일으키는 질병들을 그대로 다 받아들여야 한다는 것이 가장 큰 문제이다.

또 인스턴트 식품에 들어 있는 인은 과다 섭취할 경우, 칼슘 부족 현상이 일어나 임산부와 태아, 어린이들의 뼈나 치아 생성에 문제를 일으킬 수 있다. 특히 햄버거, 치킨 등은 단백질과 지방 함량이 높아서 비만의 원인이 되며 당분 함유량도 많아서 이 역시 비만의 주원인이 된다.

인스턴트 식품의 포장 용기도 문제가 된다. 포장 용지나 용기의 화학 물질들 중 서로 화학 반응이 안 되고 남아 있는 것들이 식품과 접촉한 것을 소비자가 먹게 된다는 것인데, 이것이 인체에 나쁜 영향을 미치기 때문이다.

여러분은 인스턴트 식품에 대해 어떻게 생각하나요? 생글이와 과학이의 의견을 비교해 보고, 내 생각도 정리해 보세요.

인스턴트 식품은 간편하고 맛있어. 바쁠 때는 시간을 절약할 수 있어. 매일 먹는 게 아니니까 건강에도 큰 문제 없을 거야.

생글이의 의견

트랜스 지방은 면역력을 떨어뜨려 많은 문제를 발생시킬 수 있어. 대부분의 인스턴트 음식은 비만과 병을 불러오지.

과학이의 의견

나는??

되도록 안 먹는 게 좋다는 걸 누가 모르나? 하지만 그 맛있는 걸 안 먹고 어떻게 살아?

뭐, 이 문제는 너무나 여러 번 생각해 보아서 더 생각하고 싶지도 않다고요? 과연? 하지만 여러분이 진정한 논술의 고수가 되고 싶다면 지금까지 잘 안다고 생각해 왔던(사실은 착각도 많았던?) 모든 것에 대해 다시 한 번 '과연 내가 이것에 대해 잘 알고 있는 것인가?' 하고 따져 보세요. 그렇게 따져 보면 잘 안다고 생각했지만 사실은 아는 것이 아니었다는 것을 여러 번 느끼게 될 것입니다. 그렇게 자기 지식을 점검하는 것만으로도 여러분은 논술의 고수가 될 가능성이 커진답니다.

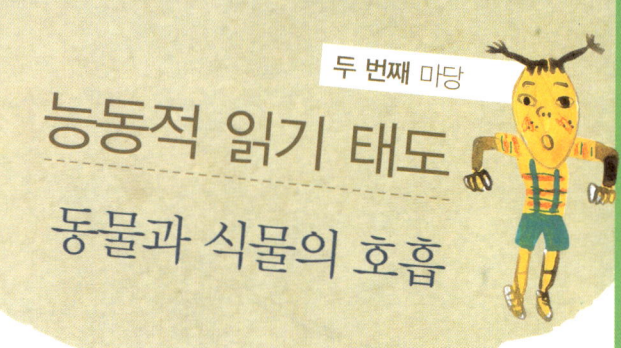

두 번째 마당
능동적 읽기 태도
동물과 식물의 호흡

아래 사진을 보면서 생각해 보세요.

푸른 자연이 느껴지나요? 이러한 자연을 통해 얻을 수 있는 것들에는 어떤 것이 있을까요?

생글이의 일기를 더 읽으며 이 주제에 대해 생각해 보세요.

0000년 0월 0일 토요일 날씨: 산책하기 딱 좋았다.

제목: 수목원에서의 목욕

　놀토라 가족 모두 수목원에 갔다. 아침 일찍 출발했는데 휴일이라 그랬는지 점심때가 다 되어서야 수목원에 도착할 수 있었다. 수목원에 가는 동안 차 안은 더워서 창문을 열었다 닫았다를 반복해야 했다. 그런데 수목원에 도착하여 들어서니 시원한 느낌이 들었다. 사람들은 숲 곳곳에서 맨손 체조를 하기도 하고, 걷기도 하고, 앉아 있기도 했다. 아빠는 그것을 보고 '삼림욕' 하는 거라고 하셨다. '삼림욕'은 나무숲에서 좋은 공기로 목욕한다는 뜻이란다.

　우리 가족도 숲길을 걸으며 '삼림욕'을 했다. 동생은 뭐가 그리 좋은지 이리저리 뛰어다녔다. 수목원의 나뭇잎이 햇빛에 반짝거리며 흔들리는 모습이 기분을 더 좋게 만들었다. 내가 살고 있는 동네의 공기보다 더 시원하고 상쾌한 느낌이 났다. '이 공기를 담아 가서 머리가 아플 때나 기분이 안 좋을 때 마시면 좋겠다'라는 생각도 들었다.

　생글이네 가족이 수목원에 갔군요. 그런데 공기가 시원하게 느껴졌나 봅니다. 여러분은 그 이유를 아나요?

풀들의 숨 쉬는 소리가 들리는 것 같아.

공기가 상쾌하고 시원하게 느껴졌던 이유

식물은 광합성 작용을 합니다. 광합성 작용은 식물의 엽록소에서 일어나는 작용으로 영양물을 만들어 내는 것이라고 할 수 있지요. 사람들이나 동물들이 음식물을 먹어서 에너지를 얻는 것처럼 식물이 에너지를 얻는 방법이에요.

'잎 뒷면에 있는 작은 공기구멍으로 흡수한 이산화탄소＋뿌리로 흡수한 물＋빛'은 '에너지＋산소＋물'이 됩니다. 이 과정이 식물의 세포 속에 있는 엽록소에서 일어나는 거예요. 광합성으로 이산화탄소를 흡수하고 산소를 내보내요. 주로 낮에 일어납니다. 광합성에는 빛이 필요하니까요.

식물은 낮에 사람에게 필요 없는 이산화탄소를 흡수하고 산소를 내뱉습니다. 물론 산소도 들이마시지만 내뱉는 게 더 많습니다. 그래서 나무를 많이 심으면 온실효과도 줄어들고 지구에 좋은 영향을 미칩니다.

생글이가 수목원에 갔을 때 공기가 상쾌하고 시원하게 느껴진 이유를 알았나요? 그럼 사람의 호흡과 식물의 호흡을 비교해 보세요.

참고 자료를 읽을 때는 능동적이고 적극적으로

논술 문제 2 사람의 호흡과 식물의 광합성 작용을 비교해 보세요.

자료 1

사람의 호흡 과정

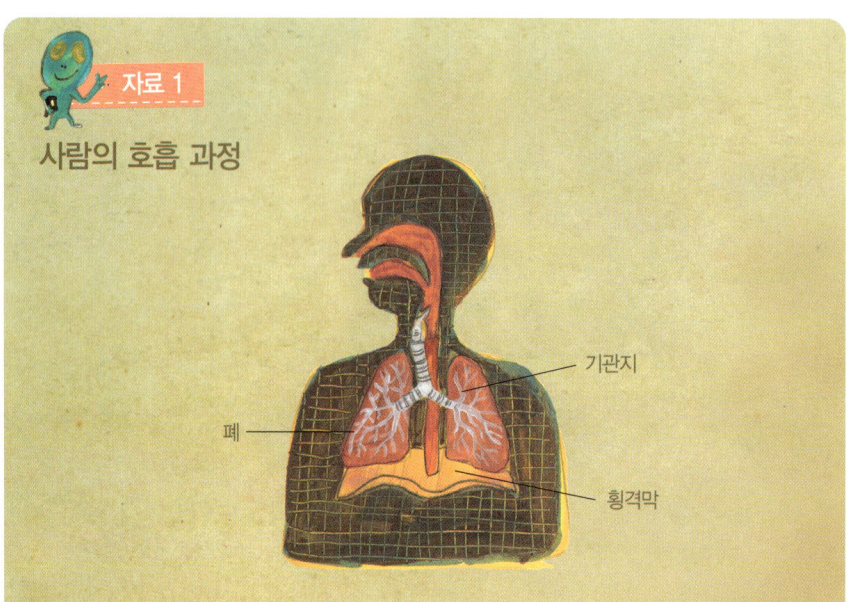

사람의 호흡 기관은 코, 기관, 기관지, 폐 등으로 이루어져 있다. 공기는 코에서 기관으로 기관에서 기관지로, 그리고 폐로 이동한다. 폐는 근육이 없어서 스스로 운동하지 못하므로, 횡격막과 늑골(갈비뼈)의 상하 운동에 의해 흉강(가슴통)의 부피가 달라짐으로써 폐로 공기가 드나드는 호흡 운동을 한다.

한 가지 주목해야 할 일은 호흡 과정에서 생긴 이산화탄소이다. 물이야 당연히 필요한 것이므로 상관없지만, 이산화탄소는 인체에 유해한 노폐물이다. 따라서 이것은 밖으로 내보내야 한다. 이산화탄소는 혈액이 다시 받아서 폐로 이동시킴으로써 몸 밖으로 내보낸다.

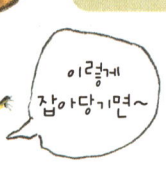

이렇게 잡아당기면~

식물의 호흡 과정

지금까지 식물이 산소만 만들어 내는 걸로 알고 있는 사람들이 많은데, 식물도 이산화탄소를 내보낸다. 바로 호흡을 통해서다. 호흡은 산소를 흡수하고, 이산화탄소를 내보내는 것으로 주로 밤에 일어난다. 하지만 이산화탄소를 내보내는 양보다 산소를 내보내는 양이 더 많기 때문에 나무를 많이 심으라고 하는 것이다.

광합성이 이산화탄소와 물, 태양 에너지를 이용해서 에너지(양분)를 저장하는 과정이라고 한다면, 호흡은 이 저장된 것을 분해하여 에너지를 발생시키는 과정이다.

이 문제에서 요구하는 것은 사람의 호흡과 식물의 광합성 작용과 호흡을 비교하여 서술하는 것이네요. 참고 자료를 잘 읽으면 답을 거의 찾을 수 있으니 꼼꼼히 읽는 것 잊지 마세요.

꼼꼼히 읽는다는 것은 눈으로만 건성으로 읽는 것이 아니라, 중요한 내용에 밑줄을 긋거나 표시를 하는 등의 방법을 말하는데, 이런 독서 방법을 능동적인 독서라고 한답니다. 논술 문제에 참고로 주어지는 글을 읽을 때는 바로 이런 능동적이고 적극적인 독서 방법을 사용해야 합니다. 그래야 진짜로 중요한 내용을 잘 골라낼 수 있거든요.

그럼 쓸 내용을 간단하게 표로 정리해 볼까요? 표를 사용하면 정리할 때도 편하지만 나중에 다시 볼 때도 자료가 일목요연하게 보여서 매우 편리하답니다.

	기체의 출입	활동 시간
사람의 호흡	이산화탄소를 내보내고, 산소를 들이마신다.	낮과 밤 모두
식물의 광합성 작용	산소를 내보내고, 이산화탄소를 흡수한다.	낮
식물의 호흡	이산화탄소를 내보내고, 산소를 흡수한다.	낮과 밤 모두

이제 정리가 되었죠? 아래 예시 글을 보며 여러분의 생각과 비교해 보세요.

예시 글

사람의 호흡 기관은 코, 기관, 기관지, 폐 등이다. 호흡 과정에서 산소를 들이마시고 이산화탄소를 밖으로 내보낸다. 산소는 우리 몸의 에너지 대사에 필요하지만 이산화탄소는 인체에 유해한 노폐물이다. 따라서 혈액이 이산화탄소를 다시 받아서 폐로 이동시킴으로써 몸 밖으로 내보낸다.

사람의 호흡은 영양소를 산소와 결합시켜 생활하는 데 필요한 에너지를 만들어 내는 과정이다. 즉, 탄수화물이나 지방, 단백질을 산소와 결합시켜 에너지를 만들고 이산화탄소를 몸 밖으로 내보내는 것이다.
　　이에 비해 식물은 광합성 작용과 호흡 두 가지를 하는데 이 과정은 서로 다르다. 식물은 모든 세포에서 낮과 밤에 호흡이 이루어진다. 식물의 호흡도 저장된 양분을 분해하여 에너지를 발생키는 과정이다. 이 과정에서 이산화탄소를 내보내고 산소를 흡수하게 된다. 하지만 낮에는 호흡보다 광합성을 훨씬 더 많이 하기 때문에 호흡을 위해 흡수하는 산소량보다 광합성을 통해 밖으로 내보내는 산소량이 더 많다.
　　광합성 작용은 마치 사람이 밥을 먹어 영양분을 얻는 것과 마찬가지로 식물이 에너지를 얻기 위한 과정이다. 광합성 작용은 엽록체가 공기 중에 있는 이산화탄소를 받아들여 빨아들인 물과 만나 햇빛을 받으면 일어난다. 이 물질들이 반응하면 산소, 물, 포도당이 생기며 이것이 식물이 살아가는 에너지가 된다. 즉, 식물은 광합성 작용을 통해 산소를 내보내고 이산화탄소를 흡수하는 것이다. 이산화탄소는 지구 온난화의 주범이기 때문에 산소를 많이 공급하고 이산화탄소를 많이 흡수하기 위해서는 나무가 많아야 한다.

머릿속에 지식을 쌓는 것이 최고의 무기

논술은 어떤 사안에 대한 자신의 의견을 논리적으로 서술하는 것입니다. 분명한 의견을 갖는 것 못지않게 어떤 방법으로 표현하느냐 하는 것도 매우 중요하지요.

과학 논술에서는 과학적인 개념이나 원리를 서술하라는 문제들이 자주 나옵니다. 바로 이 점이 다른 종류의 논술과 과학 논술을 구분하는 점이기도 하지요.

일반적인 논술에서는 정답이 없습니다. 아니, 다른 말로 하면 수없이 많은 정답이 있다는 뜻이기도 하지요. 하지만 과학 논술에서는 많은 경우 정답을 요구합니다. 이런 문제에서는 틀린 내용을 쓰지 않아야 합니다.

그러기 위해서 중요한 것은 책을 많이 읽고 지식을 축적하는 것입니다. 여러분은 이 책을 읽으면서 무엇을 배웠나요? 우리 몸에 대해 더 잘 알게 되었나요? 우리 몸과 마찬가지로 식물도 여러 가지 방법으로 생장하는 것도 알게 되었나요? 그리고요?

앞으로도 이 시리즈의 다른 책을 계속 읽으며 지식을 쌓기 위해 노력하세요. 배경 지식을 쌓기 위해서는 능동적이고 적극적인 읽기 자세를 가져야 한다는 것을 항상 기억하기 바랍니다.

결국 논술을 하기 위해서는 내 머리에 무엇인가가 들어 있어야 한다는 점을 잊지 마세요.